ぐりぐりにぎにぎ
するだけ!

秒で美脚

優木まおみ

KADOKAWA

優木まおみ 44歳の美脚とは……

◎ねじれのないまっすぐな脚
◎軽やかなエアリー美脚
◎筋肉のバランスがよくて機能的

見た目だけでなく、
脚がきちんと機能していると
行動力がアップ！
いくつになっても美脚は目指せて、
なりたい自分になれます！

動画でメッセージを
チェック!

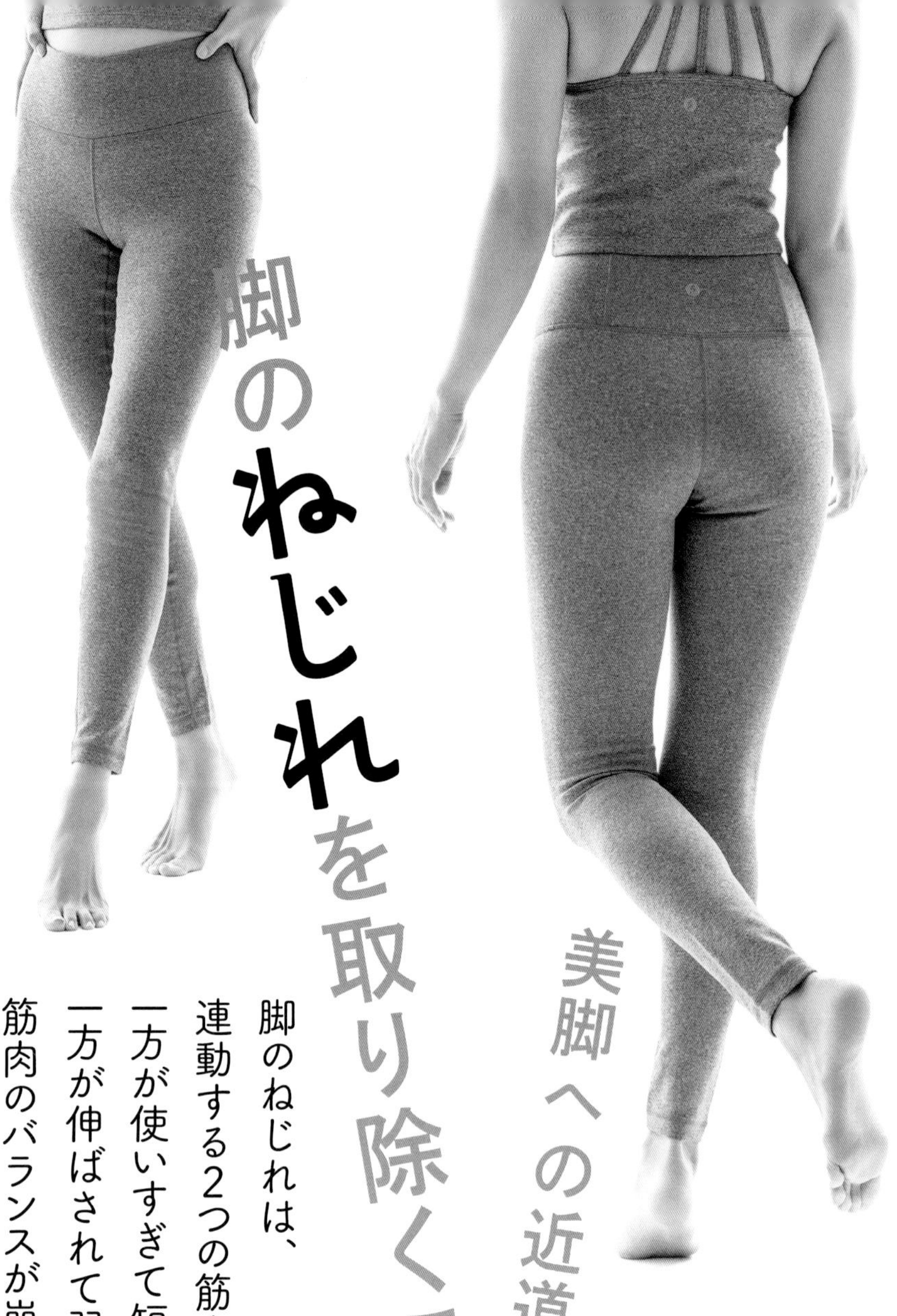

あるあるな脚の悩みも
美脚への近道は
脚の**ねじれ**を取り除くこと！

脚のねじれは、
連動する2つの筋肉の
一方が使いすぎて短縮し、
一方が伸ばされて弱化し、
筋肉のバランスが崩れて生じます。

ねじれが原因です！

▼走っても、筋トレしても脚が細くならない

▼ちゃんとストレッチをしているのに脚だけ太い

▼そもそも、くびれなしのゾウさん脚

▼変なところに筋肉がつく

▼太ももがパーンと張っている

▼ふくらはぎが妙に太い

▼足首がない

▼ひざの隙間が気になる

▼むくみやすくてつらい……

これみんな、ねじれを取って解消！

本書で紹介する新メソッド
「**ぐりぐり&にぎにぎ**」は
ねじれの原因となる筋肉を
集中的にほぐして
本来のまっすぐな**脚に**
整えます。

やり方は
とっても
カンタン！

「ぐりにぎ」メソッド

〈リセット〉
使いすぎて短縮した筋肉を
ぐりぐりでほぐす

＋

〈リバランス〉
伸ばされて弱化した筋肉を
にぎにぎで動かす

「押すだけ」「にぎるだけ」だから習慣にしやすく、
続けることでねじれのない脚を定着させて脚のコンプレックスを解消！

こんな人にぴったり！

▼運動が苦手
▼超ズボラ
▼忙しくて時間がない
▼いろんなエクササイズにチャレンジしたけど続かない……etc

ぐりぐり＆にぎにぎ習慣で脚の変化を実感してください！

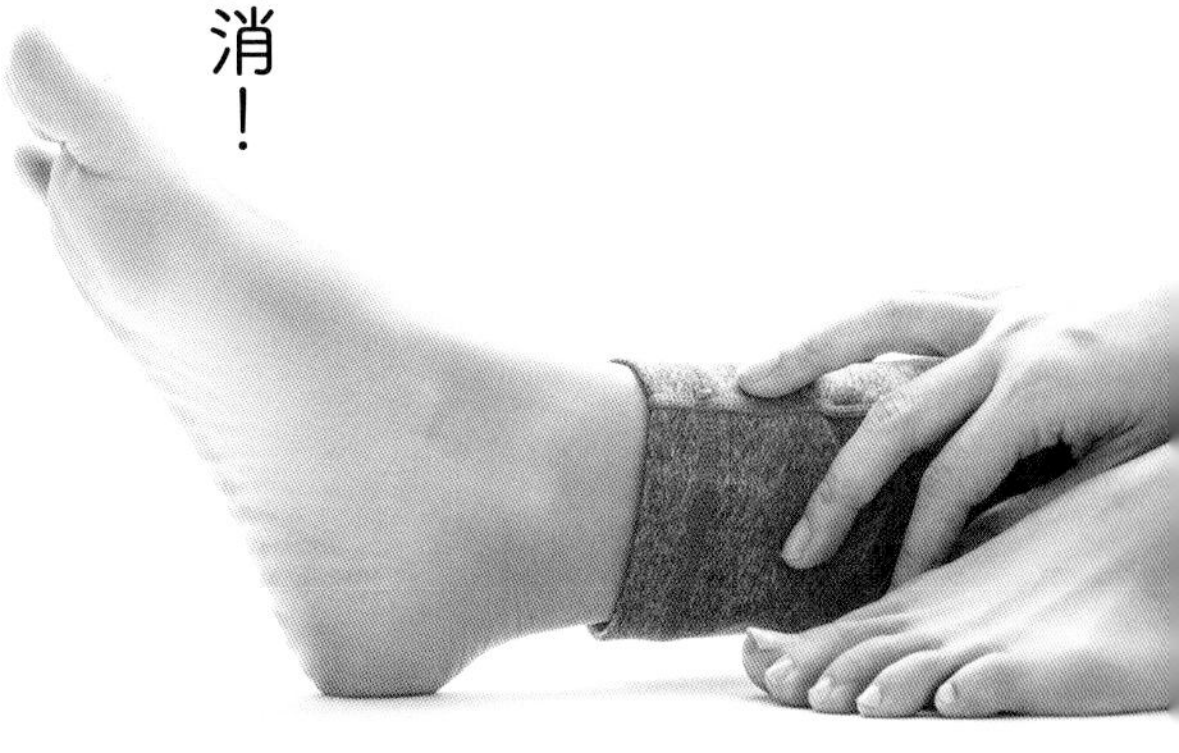

1回でも
効果を
実感！

脚のねじれ解消 & ほっそり体験談

集中的にねじれを取っただけで、内側を向いていたひざは本来の正面に。張り気味だったふくらはぎは、ほっそりとしたラインに！

**Sさん
50代**

1回だけでねじれがオフ!
脚のラインがきれいに

運動するのは大好き。でも外《がい》反《はん》母《ぼ》趾《し》を我慢してやっているせいか、脚のラインが気になっていました。「ぐりにぎ」を試したら１回でこの効果、感動です！

AFTER

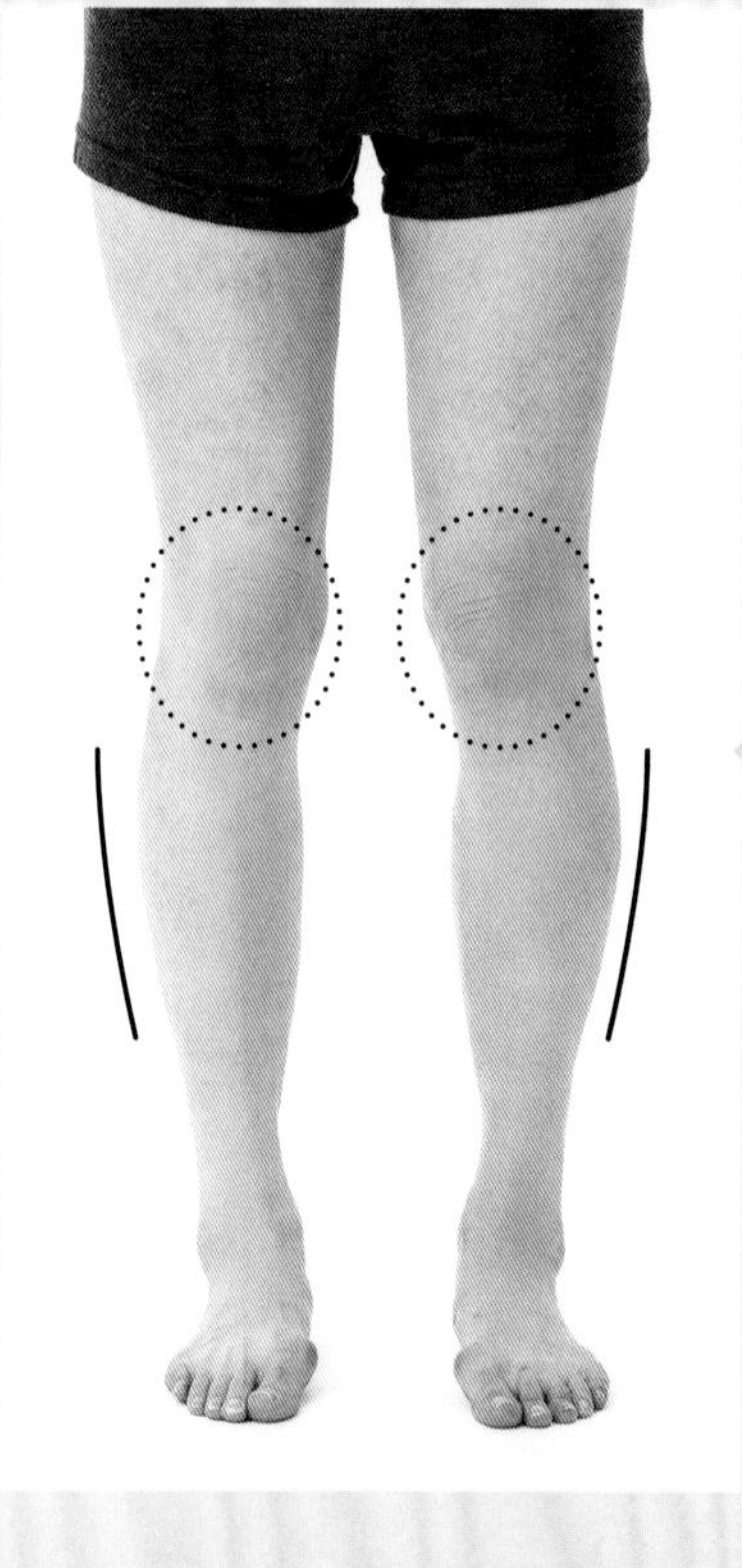

1回で！

BEFORE

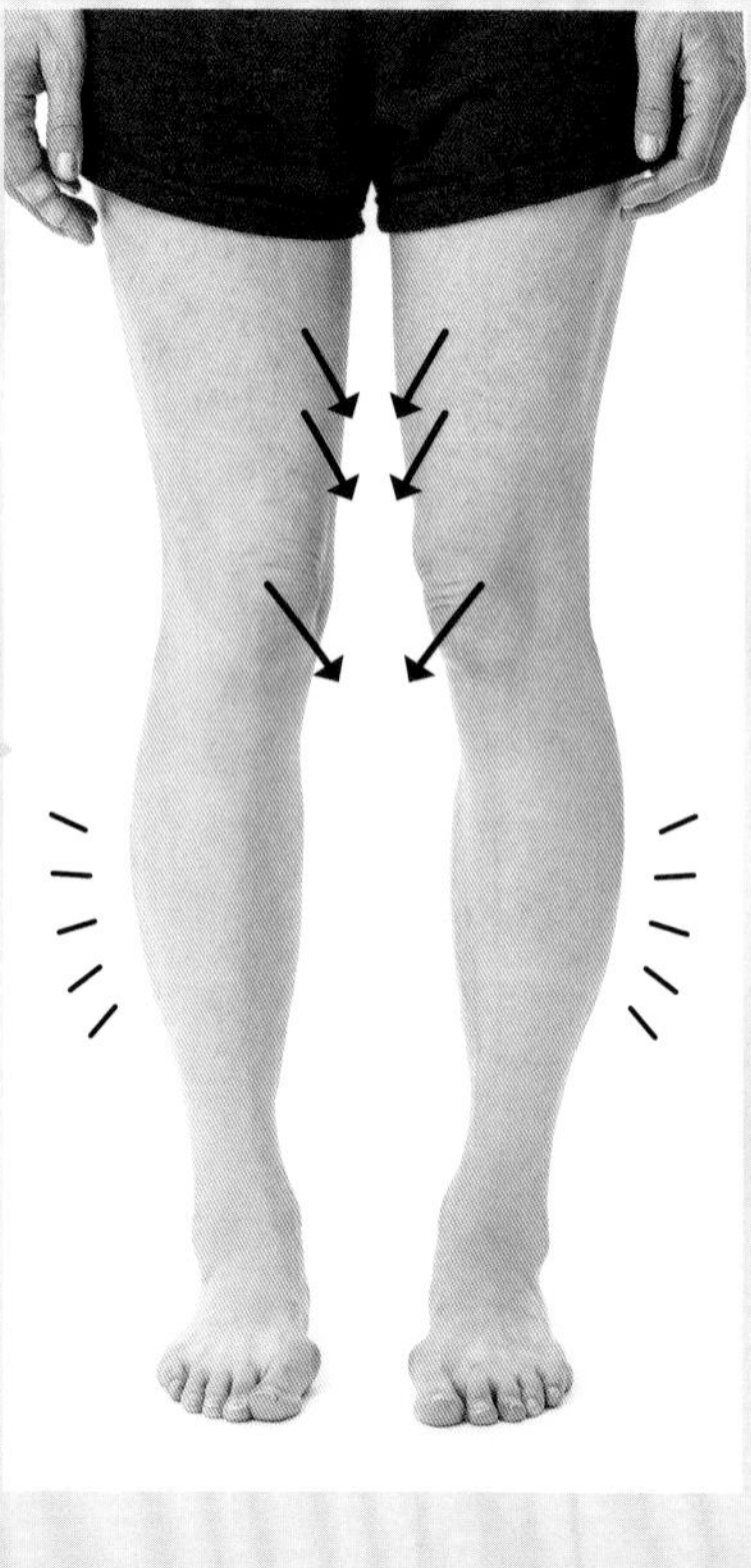

TRIAL LESSON

脚の形や太さに悩む５名が「ぐりにぎ」メソッドに挑戦。
押すだけにぎるだけで、驚きの変化が！ さぁ、みなさんも始めましょう！

脛骨が外側に傾いて全体的に横張り気味だったけど、ねじれが取れたら脛骨の位置が改善されてスマートな縦ラインに。いい感じ！

Iさん
40代

長年悩んでいたむくみが取れねじれが改善された！

長時間のデスクワークで動くことが少なく、脚のむくみが大きな悩み。O脚も気になっていましたが、むくみが取れて脚の開きも改善してきました。

AFTER

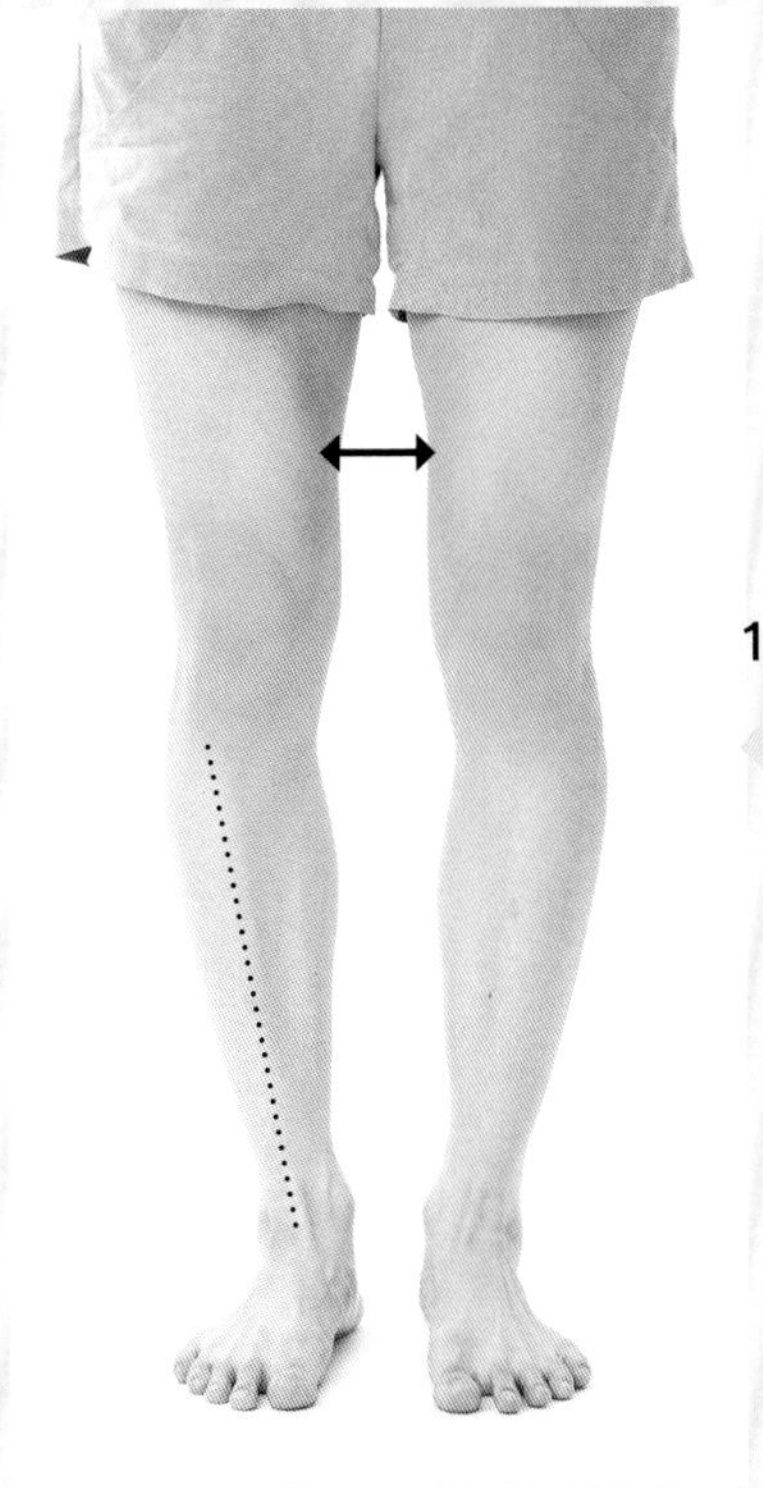

1週間で！

BEFORE

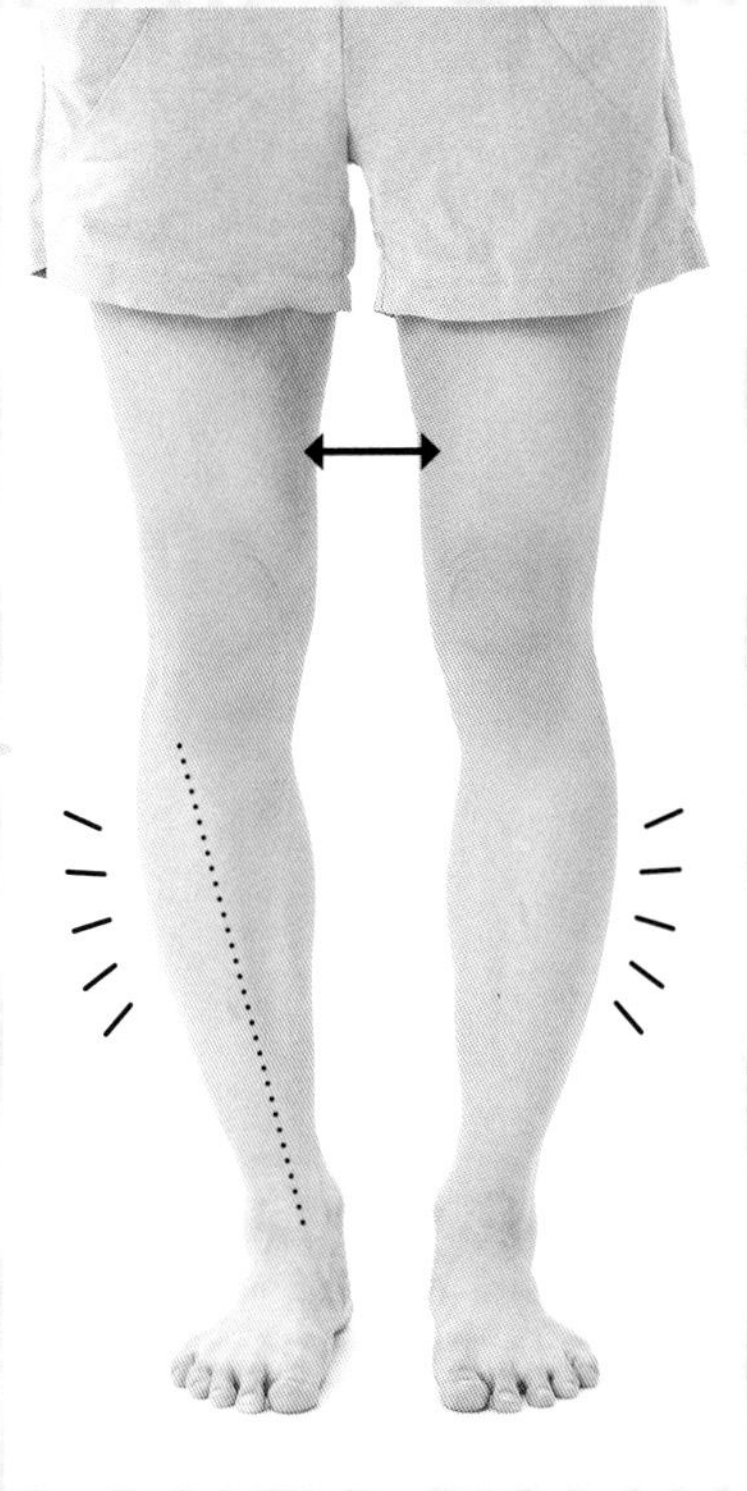

かかとのゆがみが取れてひざ下が長くなった！

Aさん 40代

かかとのゆがみや脚の開きは治らないと思っていたけど、「ぐりにぎ」だけでこんなに改善。毎日続けるモチベーションになりました。

AFTER　　BEFORE

front

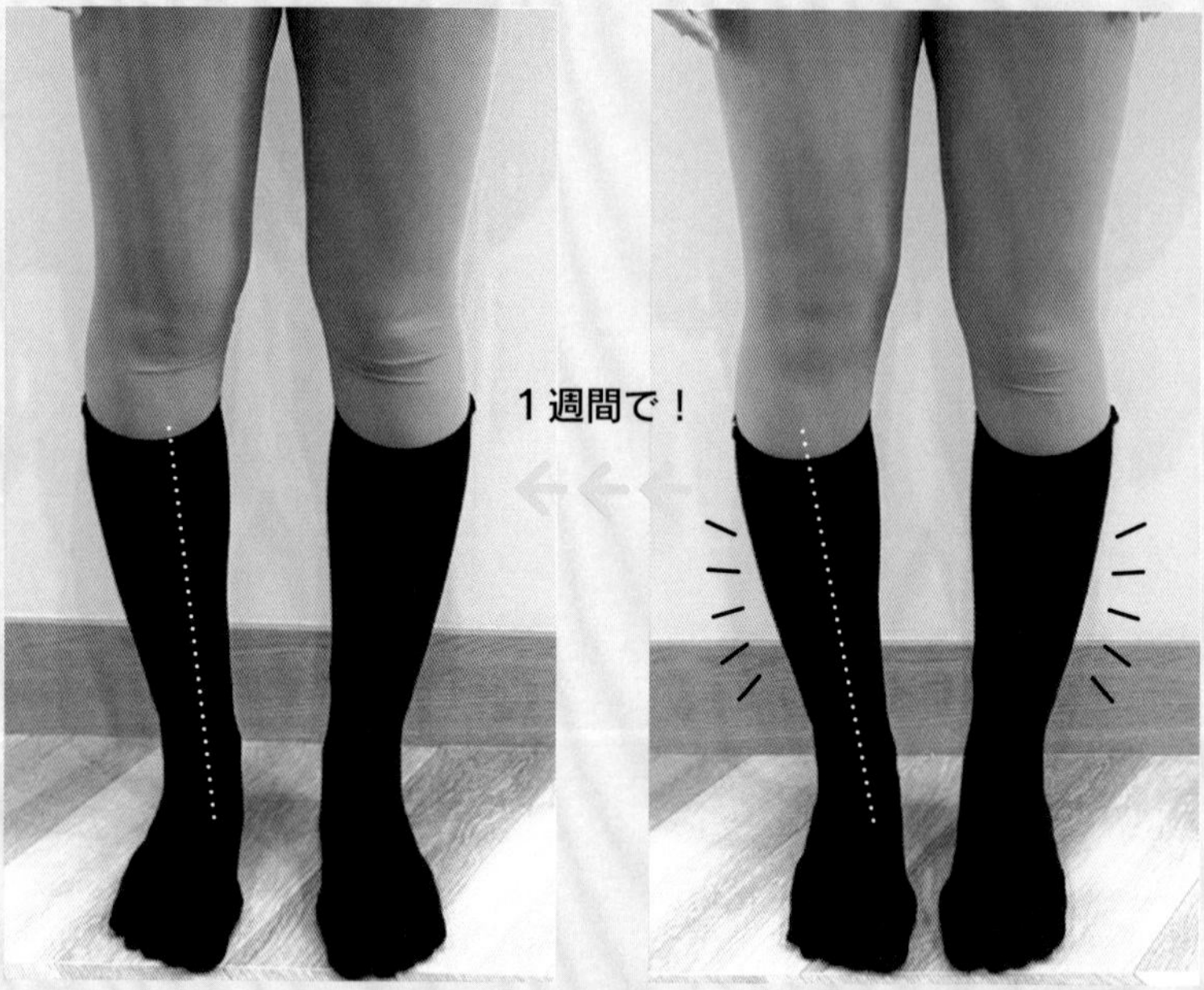

AFTER　　BEFORE

back

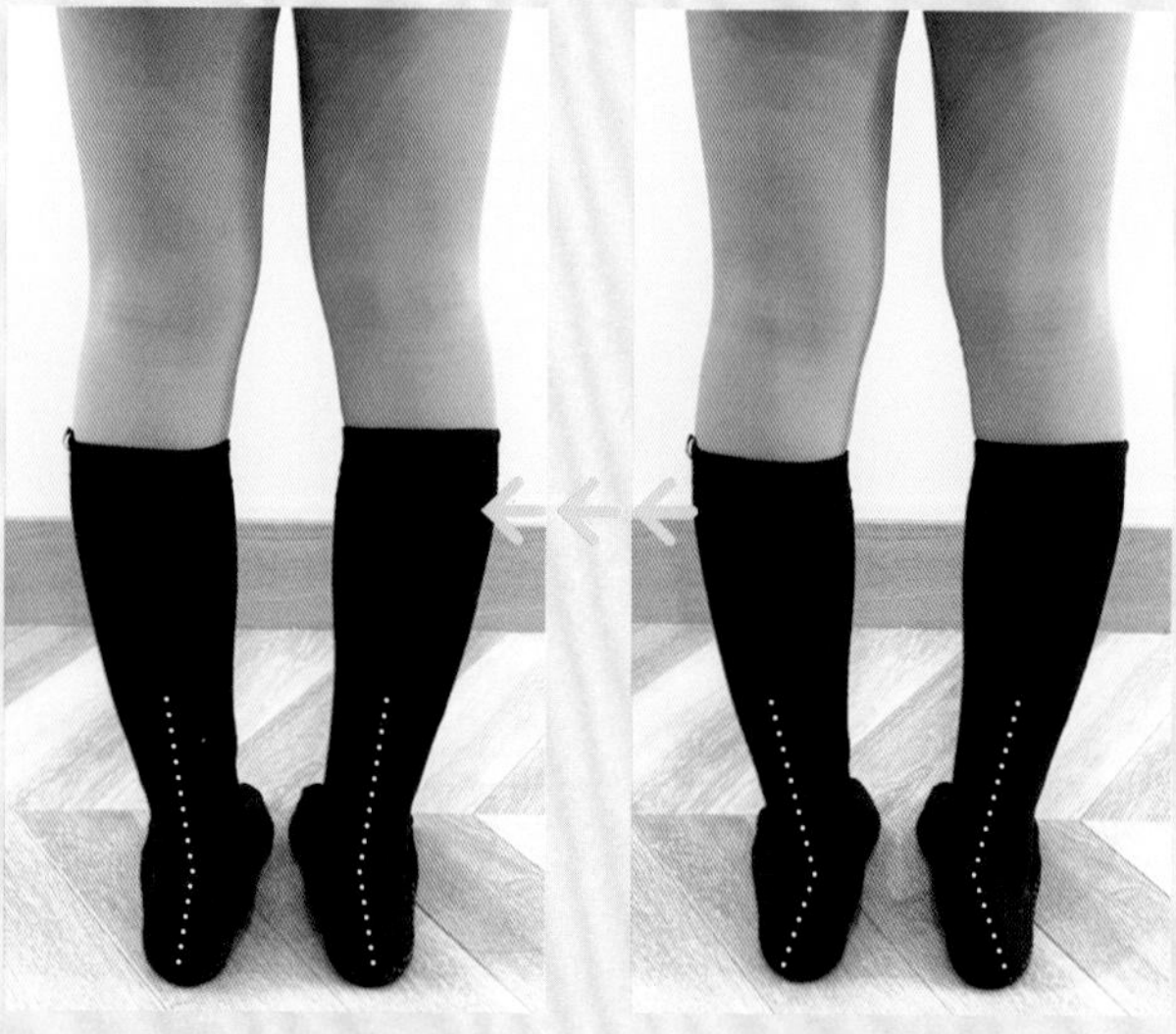

内側にかなり傾いていたかかとのラインがまっすぐに！　それに伴い、ひざやふくらはぎの開きも改善されましたね！

Kさん
40代

太ももの張りが取れ、後ろ姿がスッキリ!

脚痩せエクササはいろいろ試したけど、短期間でこんなにスッキリしたのは初めて。ねじれを取っただけでほっそり見えるなんてスゴイ！

AFTER

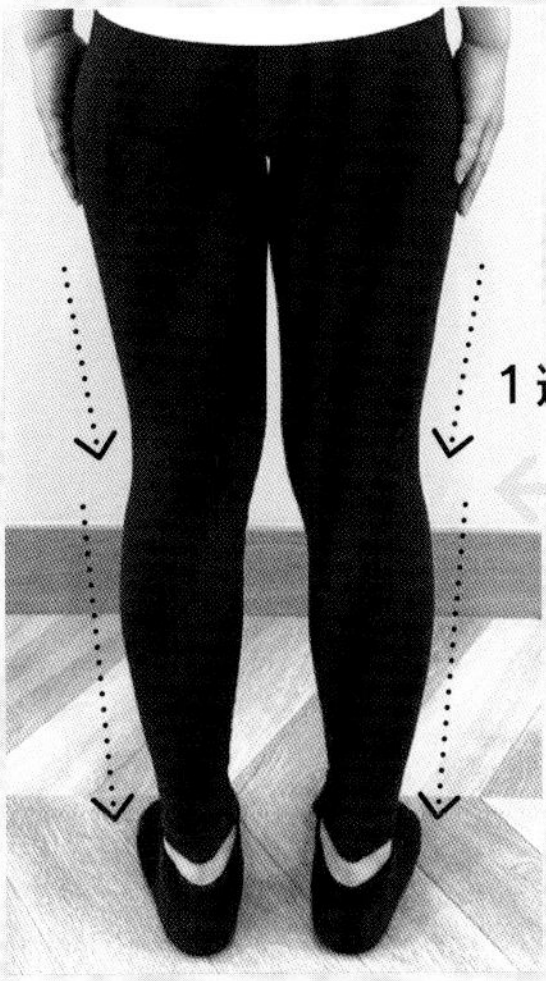

BEFORE

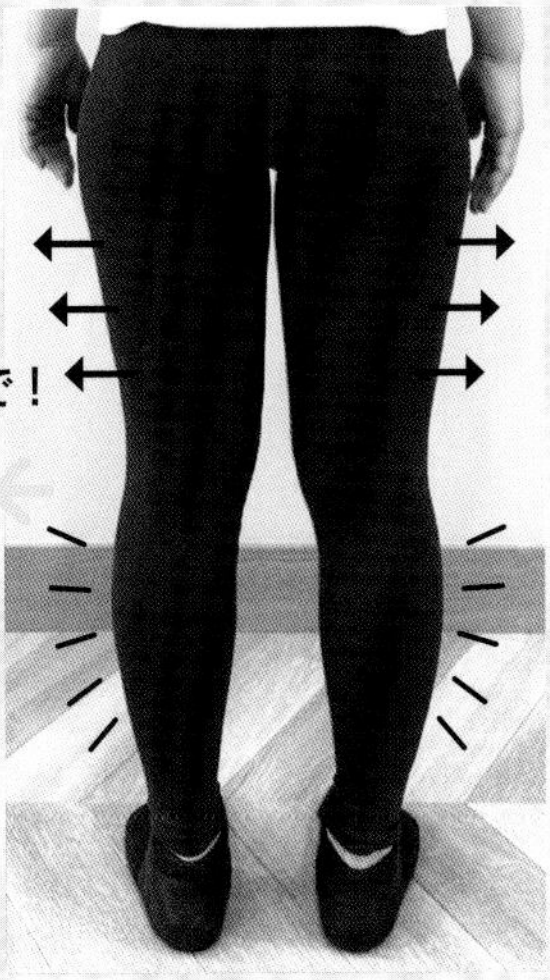

back

1週間で！

外張りのせいで脚全体が太く見えていたけど、ねじれ解消で縦ラインがキュッとして細くなってますよ！　この調子♪

Oさん
30代

基本の「ぐりにぎ」だけでヒップアップ!

太ももの付け根からお尻あたりが大きく見えていましたが、1週間続けたらヒップラインがキュッ！　お尻にも効くなんて驚きです。

脚のねじれを取り除いただけで、お尻のたるみも解消！ヒップラインが上がって脚が長～く見えますね。スゴイ!!

AFTER

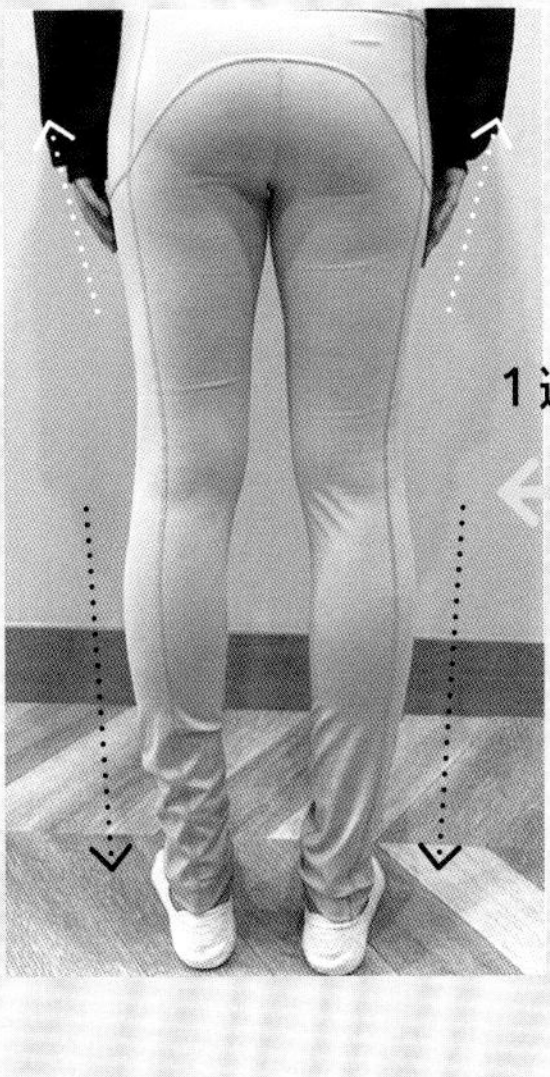

BEFORE

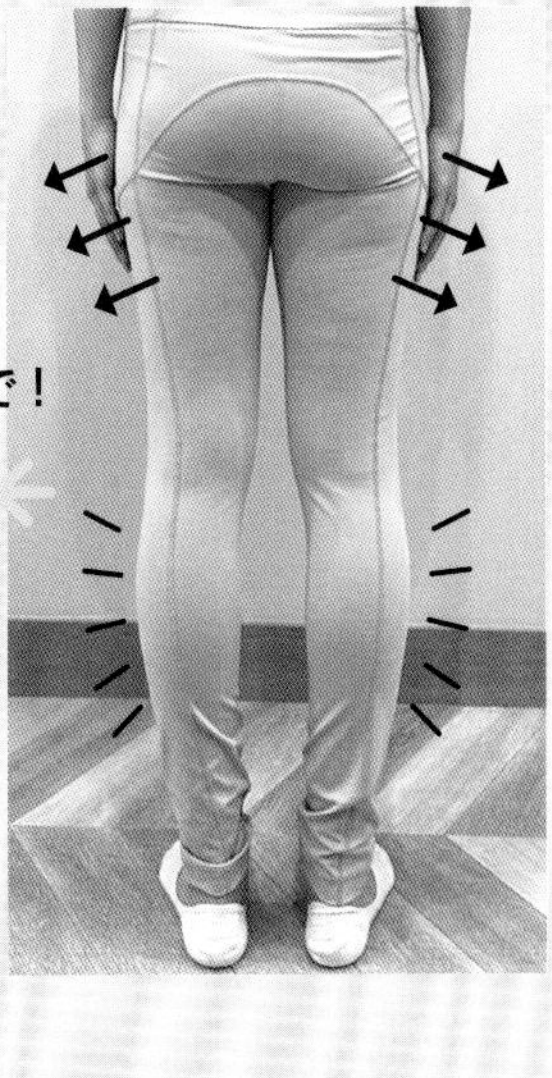

back

1週間で！

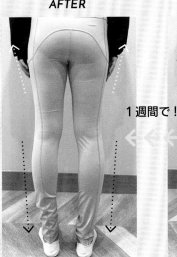

優木まおみ44歳の美脚とは…… …002

1回でも効果を実感！ 脚のねじれ解消&ほっそり体験談 …008

PROLOGUE

美脚への新たなアプローチ

美脚とは機能性に優れた行動したくなる脚 …018

行動したくなる脚を手に入れると人生がもっと豊かになる …022

即実感できる手軽さでやる気スイッチをオン！ …024

自分の身体としっかり向き合いヘルシーな美しさに目覚める …026

脚が変わるだけでポジティブに 今の自分を好きになる …030

優木まおみの美脚習慣 …032

CHAPTER 1

ねじれを正す「ぐりにぎ」メソッド

蓄積された脚のねじれが脚を太くする …034

まっすぐな脚とねじれた脚の違い …037

連動する筋肉のバランスを整える …038

ひざ下からひざ上へ ねじれのもとになる筋肉を集中的に …040

ひざ下とひざ上の筋肉の連動 …042

「リセット」「リバランス」で驚くほどまっすぐに！ …044

「ぐりぐり」と「にぎにぎ」を効果的に組み合わせます …046

CHAPTER 2

「ぐりにぎ」の基本 実践編

まずは、脚のねじれをセルフチェック …048

ひざのねじれをチェック …049

ひざ下のねじれをチェック …050

足首のねじれをチェック …052

準備運動　ぐりにぎ効果を高める足ほぐし …053

準備運動1　足首回し …053

準備運動2　足指じゃんけん …054

ぐりぐり&にぎにぎ手技レッスン …056

全脚ねじれ改善「ぐりにぎ」解説の見方 …058

ひざ下を整える …059

STEP1　足の甲ぐりぐり …060　足の裏ぐりぐり …061

STEP2　内すねぐりぐり …062　外すねにぎにぎ …063

STEP3　前すねぐりぐり …064　ふくらはぎにぎにぎ …065

STEP4　ひざ裏ぐりぐり&にぎにぎ …066

ひざ上を整える …067

STEP1　前ももぐりぐり …068　裏ももにぎにぎ …070

STEP2　外ももぐりぐり …072　内ももにぎにぎ …074

STEP3　お尻周りぐりぐり …076　股関節周りにぎにぎ …078

CHAPTER 3

美脚を維持するお尻マオビクスピラティス

お尻の筋力アップで美脚をキープ …082

お尻と脚の筋肉の関係 …084

美脚スイッチを入れる **お尻マオビクスPOINT** …085

4ステップでスイッチオン

STEP1 下半身後ろ側の筋肉をほぐす タオルストレッチ …086

STEP2 カニのような横移動で股関節を柔軟に クラブ …088

STEP3 お尻と骨盤のゆがみを正す スターフィッシュ …090

STEP4 股関節とお尻を同時にストレッチ フロッグ …092

フロッグバリエーション …094

お尻の筋肉が整えば美脚トレの効果がアップ! …095

悩み別美脚マオビクスピラティス …098

悩み別1 ゾウさん脚をスッキリ! ダンゴムシ …100

悩み別2 むっちり太ももを引き締め! ダイナソー …102

ローダイナソー …104

悩み別3　ししゃも脚をキュッ！ ミーアキャット …106
悩み別4　太い足首を引き締め！ オーストリッチ …108
悩み別5　O脚・X脚を改善！ モモンガ …110
おすすめ美脚プログラム …112

隙間時間にできる **マオビクスの美脚椅子トレ** …114
お尻伸ばし前屈 …114
ひざタッチ …115
椅子ダイナソー …116
椅子脚上げ …117

美脚に導く食生活 …118
塩分を控え、水分をたっぷり摂る …118
身体にいいものを意識するだけで自然に栄養バランスが整う …120
無駄食をなくして満足感を高める …122
「ぐりにぎ」Q&A …124
おわりに …126

STAFF

ブックデザイン／大久保有彩
撮影／トヨダリョウ
ヘアメイク／廣瀬浩介
イラスト／德永明子、TAKUMI（筋肉図）
ムービー／加藤陽太郎（アップパーツ株式会社）
校正／東京出版サービスセンター
協力／渡邊早紀（生島企画室）、中山紗希
編集協力／smile editors（石原輝美、岩越千帆、印田友紀）
編集／田村真義（KADOKAWA）
衣装協力／Julier　https://www.julier.jp
Style Boat Market　https://wehub.jp

【本書の注意事項】本書で紹介するメソッドは、病気の治療、治癒を目的とするものではありません。体調がすぐれないときは行わないでください。医師の治療を受けている方は、主治医と相談の上、実施してください。

動画をCHECK!

2次元コードをスマホやタブレットで読み込むと、著者による解説動画が見られます。

PROLOGUE

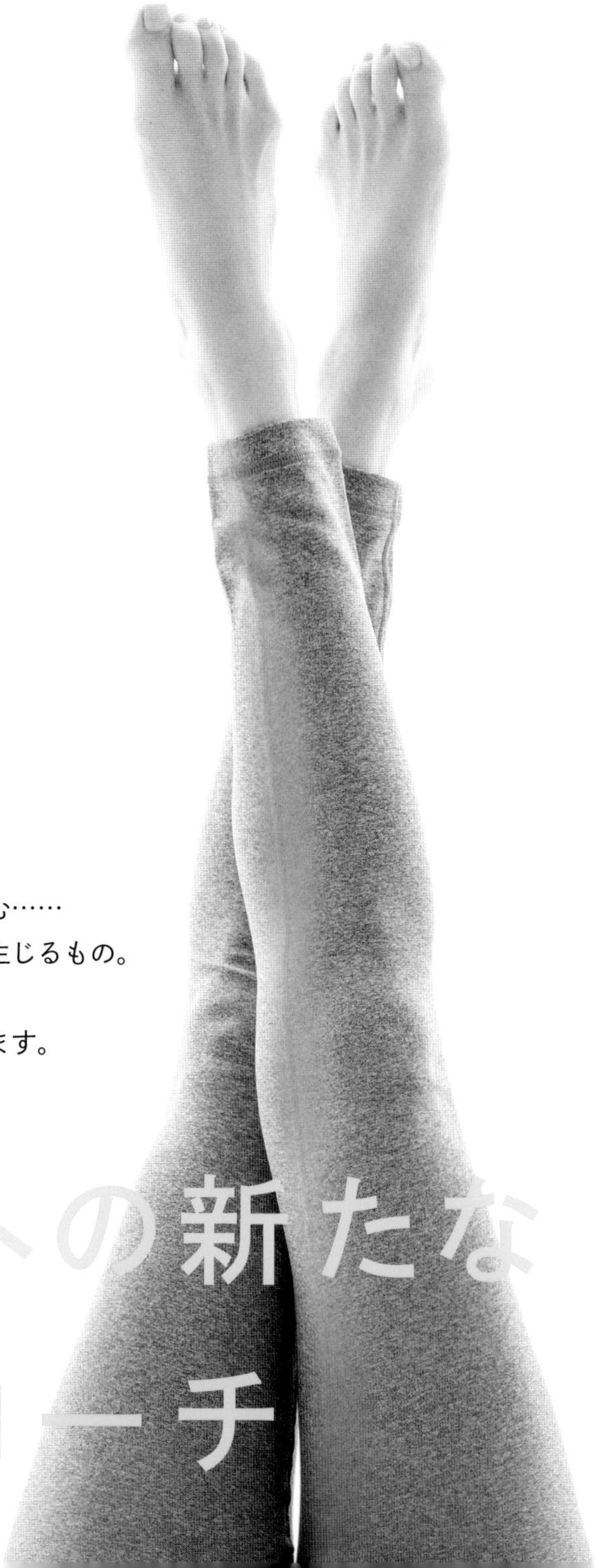

立つ、歩く、座る、しゃがむ……
脚のねじれは日常の動作で生じるもの。
そこに着目すると美脚への
アプローチの仕方が変わります。

美脚への新たなアプローチ

美脚とは機能性に優れた行動したくなる脚

どんな人でも、多少なりとも自分の身体にコンプレックスはあるものですよね。

私は、学生時代は8年間バスケット部で思いっきり活動していたので、前ももが張って太いのが悩みでした（バスケ部あるある！）。

当時は少しでも細く見せようと、ベストなスカート丈を研究したりして、今思えば涙ぐましい努力もしていました。

さて、みなさんは「美脚」というと、どんな脚をイメージしますか？

ぐうたら猫も
「ぐりにぎ」で美脚に！

足首がキュッと引き締まり、ふくらはぎはスッキリ、太ももにたるみやセルライトがなく、全体的にシュッとしてまっすぐ、というような脚でしょうか。

でも今の私は、いわゆる見た目の美しさに、実はまったく興味がないんです。そんな人はかなり少数派だとは思うのだけれど（たぶん）。

美脚でいちばん大事なのは、機能的な部分だと思っています。

私にとっての美脚とは、ズバリ、**「行動力が上がる脚」**です。**どんなに動いても疲れない、どこまででも歩いていけると思えるような、軽やかに動ける脚＝エアリー美脚です。**

欲張りな私には、これからやりたいことがたくさんあります。限りある人生なのだから、あれもこれも、どんどんやりたい！　と思っているのに、それができないような脚なのであれば、どんなに素敵なルックスでも意味がないと思ってしまうのです。

私にとっては、**機能性こそ美脚のカギ**なのです。

そう思うようになったのは、2人目の子どもを産んだあとの体験からです。出産後、身体のあちこちが痛むようになり、気持ちはいつも沈んでいて、元気が出ない。まったくやる気が起きず、生きる気力も湧いてこないような、とことんダウンした状態に陥ってしまったのです。


朝起きたときは「今日こそは何かをやろう」と思っても、時間が経つうちに、「やっぱり面倒くさいな。今日はやらなくてもいいか」というマインドになってしまい、結局、家から1歩も出ずに1日が終わることもしばしばでした。

母親としての罪悪感や自分への嫌悪感、大事な人生の1日を無駄にしてしまったという情けなさに常にさいなまれ、そういう自分が嫌だったし、すごくつらかったことを、今でも鮮明に覚えています。

そんな最悪な状況の中で出合ったのがピラティスでした。

レッスンが終わって帰るときには、**肩や腰の痛みがなくなり、身体がシャキッとする。どんより沈んだ気持ちでいる時間も減っていき、次第に元気を取り戻していったのです。**それがうれしくて、楽しくて、ピラティスに見事にハマっていきました。

たとえば子どもと遊ぶとき、「疲れたからママちょっと座るね」なんて脚にはなりたくない。張り切って楽しくお仕事したいのに、途中で休憩しないと続かない、なんて残念な脚にもなりたくない。

脚を引きずるように歩く人は、きっと疲れているし、どこかに痛みがあるはずです。そしてしっかり歩けない脚は、見た目にもメリハリがなく、決して美しいとは言えません。

軽やかに歩ける脚があれば、どこへでも行っちゃおう！　なんでもチャレンジしよう！と気持ちも前向きになります。自在に動ける脚は絶対に美しい！　見た目のよさは必ずあとからついてきます。

機能美にあふれた本物の美脚づくりを、ぜひ一緒に始めましょう。

行動したくなる脚を手に入れると人生がもっと豊かになる

動ける身体に変わると、人は行動的になる。これまで私のサロンやオンラインでのレッスンに参加してくださった人の中には、その「生き証人」のような人がたくさんいます。

ある50代の女性は、やる気が起きない、いつも不安な気持ちを抱えている、なんとなく体調が悪いという更年期障害の症状で悩んでいました。思いきって私のレッスンに参加したところ、症状がとても軽くなり、続けて参加されるようになりました。ついにはインストラクターの資格を取得し、現在ではさらにフィールドを広げて、いろいろな資格にチャレンジ中です。

脳の手術を受け、リハビリのためにとピラティスをすすめられて始めた40代の男性。病院で理学療法士とともにやっていたのとほぼ一緒ということに親しみを感じ、やるうちにどんどん楽しくなったと続けて通ってくれました。この方も身体の調子がよくなったところで養成講座を受けてインストラクターに。健康診断では毎年「良」の結果が出ているそうです。

私自身も、ピラティスを続けるうちに喘息やアレルギーなどの症状もだいぶ改善し、生きることがラクになりました。**気持ちもどんどん前向きになり、動けない身体だったはずなのに、インストラクターから身体美容家へと思わぬ道が拓けたのです。**

動ける身体に変わると
人生だって、
大きく変わります！

即実感できる手軽さでやる気スイッチをオン！

どんなにエクササイズを頑張っても、なかなか脚が細くならない。**それは筋肉のねじれが原因です。**筋肉がバランスを欠いた状態でどんなに刺激を与えても成果は出ず、かえって逆効果な場合もあるからです。

この本ではまず、筋肉のバランスを整えてねじれを正す方法を紹介していきます。**緊張して均衡を欠いた筋肉をしっかりほぐしてリセットし、ニュートラルな状態にリバランスすること。それが「ぐりぐり&にぎにぎ」メソッドです。**そのあと、本来使うべき筋肉をしっかり動かすトレーニングを行って、美脚を目指していきます。

このメソッドの大きな特徴は、即効性があることです。**「ぐりぐり&にぎにぎ」でリセット&リバランスしたら、それだけで足が軽くなったと実感できるはず**。そして、行う前と行ったあとの自分の脚を写真に撮って比べてみてください。血行が改善されることで皮膚の色が変わったり、細くなっていることがわかります。さらに長期的に行っていくと、O脚・X脚などの脚のゆがみが改善されたり、セルライトが流れてたるみが解消するなど、大きな変化が訪れます。

いつも運動しているイメージがある私ですが、実はとってもズボラなんです。レッスン以外で運動するのはせいぜい週に2〜3回程度。頑張りすぎるのは性に合わないタイプ。そんな私が考案したメソッド、なにはともあれ、ぜひやってみてください。**カンタンなのにすぐ効果が実感できて、あなたのやる気スイッチもきっと入るはずです。**

自分の身体としっかり向き合い
ヘルシーな美しさに目覚める

学生時代は太ももが太いのがコンプレックスで、ミニスカートなんて絶対ＮＧ。脚は見せたくない、隠したいとばかり思っていました。グラビアモデルの仕事を始めてからは、とにかく細ければいい、と思っていたので、**身体を鍛えようという意識もなく、無理な食事制限をしたりして、ただただ痩せようと努力していました。**

もともとかなりの胃下垂で、たくさん食べても太らないからラッキー！くらいに思っていたし……。だからその頃の体形は、全体的に痩せてはいるけれど、食事をすると下腹がぽっこり膨らむ、というアンバランスなものでした。

昔はモデルといえば痩せていることが重要だったし、そもそも若い頃は身体にエネルギーがあふれているので、食生活が乱れていてもなんとかなったのでしょう。

それが**1人目の子どもを産んだあと、溜め込む体質に変化してしまったのです**。妊娠・出産によって胃の位置が元に戻って胃下垂が治ったせいか、食べたら食べたぶんだけ太る、という状況でした。

正直、これはまずいぞ、とは思ったものの、なるべく体形の目立たない服を着てカバーするなどして、このときはまだなんとか乗り越えることができたのです。

ところが**2人目の出産で心と身体のバランスが崩れてしまい、それがきっかけでピラティスを始めることになりました**。

若い頃は、メリハリのあるボディに憧れはあったものの、のっぺりと痩せていて、それにはほど遠かった私の体形。でも体質だから仕方ない、自分には叶わない夢と諦めていました。ところがピラティスと出合って、**食生活と運動習慣の組み合わせで理想の身体はつくれる**、ということに気づいたのです。

とはいえ元来がズボラな私。生活すべてが運動やボディメイクにとらわれてしまうようなのは好きではないし、毎日一生懸命やっていたら疲れちゃう。**何より頑張りすぎ＝無理は続きません。**

「ぐりぐり＆にぎにぎ」メソッドで筋肉をリセット＆リバランスすると、**続けて行うトレーニングの効果がアップするのはもちろん、身体が動かしやすい状態になるので、日常の動きにもプラスに働きます。**だから習慣にして続けるのがおすすめです。

気負わず、隙間時間にちょこっと行うだけでＯＫです。
「ぐりぐり＆にぎにぎ」を日常化して続けていくと、**徐々に身体が本来のニュートラル状態を覚えていきます**。こういう立ち方をするとあとで足がだるくなるな、というように自分でわかってくる。この「気づき」を感じられたらしめたもの！

生きていれば、必ず身体はゆがむし、筋肉のバランスも悪くなるものです。何かに集中して同じ姿勢を続ければ、どこかが凝ったり、痛くなったりもします。でも、「ぐりぐり＆にぎにぎ」でリセット＆リバランスする方法を知っていれば、恐れることはなし！　だって、**ゆがんだりねじれたりしたとしても、自分で元に戻せるんですから**。

世の中にはゴッドハンドと呼ばれる施術師のいるサロンはたくさんありますが、わざわざお金をかけてそこへ行かなくても、自分でやればタダ。「ぐりぐり＆にぎにぎ」メソッドをしっかり自分のものにして、セルフゴッドハンドを育てましょう。

脚が変わるだけでポジティブに今の自分を好きになる

今でこそ、ピラティスのインストラクターや身体美容家として活動していますが、人生37年間、私はとっても身体のかたい人でした。それがピラティスを始めて2年ほどで、やわらかい身体に変異したんです。だから、誰でもきっと変われる！　太ももが張っている、ふくらはぎが太い、足首がない、ゾウさんみたいな寸胴脚……。**今はコンプレックスでいっぱいの脚も、必ず美脚になれます。**

CHAPTER1で詳しく述べますが、**脚がなかなか細くならないのは、連動する2つの筋肉のバランスが崩れることで生じる、脚のねじ**

れが原因です。筋肉がねじれたままの状態でどんなに頑張ってトレーニングしても、身体に変化は起きません。

美脚へのプロセスを邪魔する元凶＝脚のねじれを「ぐりぐり＆にぎにぎ」で取り除き、そのあとのトレーニングをしっかり行っていけば、脚は必ずまっすぐ、細くなります。

私の考える美脚とは、動きやすく行動力が上がる脚であると同時に、**コンプレックスを感じずに着たい服が着られる脚**でもあります。

今はトライできないミニスカートもスキニージーンズも、必ずはけるようになります。「こんな脚じゃ似合わない」なんていう思い込みは捨てて！　**ちょっとの習慣を日常に取り入れ、定着させていくことで、あなたの脚は着実に美脚に向かって変化していくのです**。

「ぐりぐり＆にぎにぎ」のメソッドを継続していけば、気持ちも軽やかに行動的になり、自然とスキップしたくなるような足取りになっていきます。そうなれば、見た目の変化はすでに現れているはず。さあ、一緒に楽しく美脚を目指しましょう！

優木まおみの美脚習慣

No.
1

足首を固定する靴は なるべく履かない

足首が固定されるとひざに負担がかかるので、プライベートでそういう靴は履きません。仕事でブーツやハイヒールを履く必要があるときは、履き替え用のスニーカーを持参します。

No.
2

足指を刺激する 5本指ソックスを愛用

足指で地面を軽くつかんで安定させるのが人間本来の動きだから、足指の間が開くことが大事。それが許される場で、履けるような靴の場合は、必ず5本指ソックスを履いています。

No.
3

同じ姿勢を 長時間取らない

ずっと同じ姿勢を続けると、一部の筋肉や関節にだけ圧力がかかって、ゆがみや痛みの原因になります。たまに体勢を変えたり、こまめに立ち上がって動いたりを意識してやっています。

No.
4

左右のバランスを意識して 身体を動かす

寝返りを打つ感覚で、足を組むなら左右同じくらいの時間で。いつも左手で携帯を持つけれどたまには右手で。気づいたときにそんなふうに心がければ、バランスが崩れにくくなります。

CHAPTER

1

ねじれを正す「ぐりにぎ」メソッド

筋トレもエクササイズも必要なし。
ねじれのもとになる筋肉を
ほぐす・動かすだけで、
驚くほどまっすぐな脚に！

蓄積された脚のねじれが脚を太くする

ここからは、そもそもなぜ脚は太くなるのか、「ぐりぐり&にぎにぎ」メソッドでなぜ美脚になれるのか、詳しくお話ししていきましょう。

脚が太くなる主な原因は、

①本来使うべき筋肉が、うまく動かせていないためにむくんでいる。

②特定の筋肉を動かしすぎて、筋肉が緊張して張っている。

この2つのどちらかです。

たとえば、足首周りの筋肉がかたくて動かしにくい状態だと、血流

が滞ってむくみます。また股関節がやわらかすぎる場合には、安定しない骨を筋肉が支えようとして発達するため、太ももが張って太くなるという結果を招くのです。

表と裏、前と後ろなど、それぞれの筋肉は連動し合い、一方の筋肉が縮むと、反対側の筋肉は引っ張られて伸びるというように、操り人形のように動くシステムになっています。

このシステムがいつもバランスよく働いていれば問題ないのですが、動き方のクセなどが原因で、どちらか一方の筋肉が伸ばされて弱化したり、使いすぎて短縮したりして均衡が崩れます。これがゆがみにつながり、ゆがんで動きの悪くなった部分を支えようと周りの筋肉が緊張するために、脚のねじれが生じます。

この連動し合う筋肉のアンバランスを放置したままでいくらトレーニングしても、正しい刺激は伝わらず、かえってねじれを加速させてしまうことになるのです。

そこでトライしてほしいのが、美脚に特化したオリジナルメソッド「ぐりぐり＆にぎにぎ」です。

縮んだり伸びたりして連動・拮抗《きっこう》し合っている筋肉を、「ぐりぐり＆にぎにぎ」でほぐし、ニュートラルな状態に調整していきます。すると筋肉がリセット＆リバランスされて機能的に使える状態になり、日常でも気持ちよく身体を動かせるようになります。

さらに、本来のニュートラルな状態で、これまでうまく使えていなかったところは使う練習を、使いすぎていたところはほぐしていきます。それがＣＨＡＰＴＥＲ３で紹介する、さまざまなトレーニングです。

「ぐりぐり＆にぎにぎ」で筋肉の状態を整えたうえで、しっかり身体を動かす。これを**継続して行っていくと、身体がちょうどいい状態を覚えて、脚のねじれが解消しやすくなっていきます。**

まっすぐな脚とねじれた脚の違い

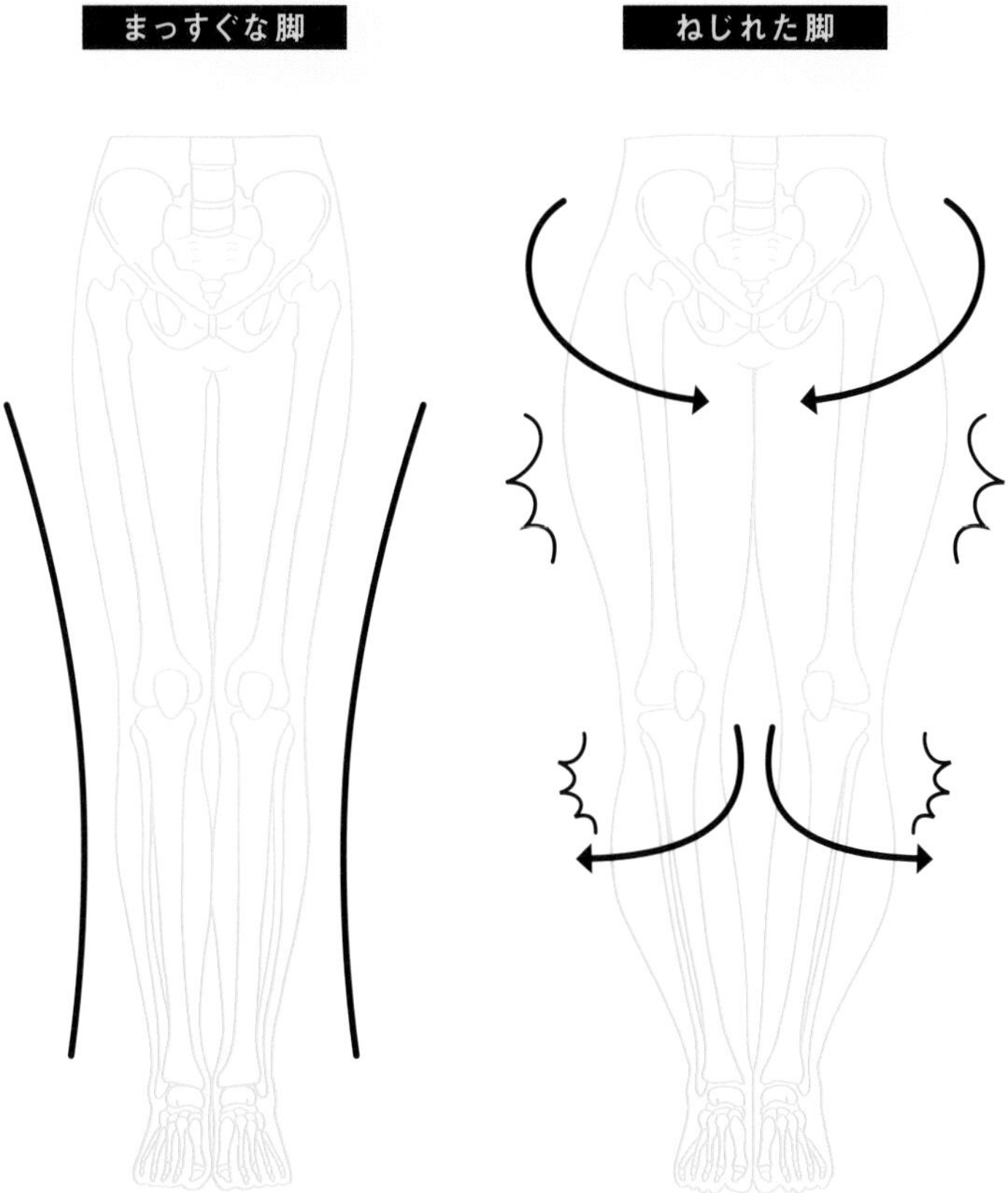

足首の重心のアンバランスにより、支えている距骨《きょこつ》の位置がゆるくなり、足裏のアーチが使えなくなっていることが多い。その結果、ももの外側の筋肉が張って太くなる。外側・内側の筋肉バランスを整えてねじれを正すことで、まっすぐな脚に。

連動する筋肉のバランスを整える

前述したように、向かい合っている筋肉、隣り合っている筋肉はお互いに連動し合いながら動いています。筋肉は自分で伸びることはできず、連動する筋肉が縮むことで伸びることができます。

足首から骨盤まで、下半身にある筋肉のバランスが崩れると、**ねじれだけでなく、身体の中心部にある骨盤のゆがみを招きます**。すると姿勢が悪くなって老けて見えたり、冷え性やむくみなど、身体のさまざまな不調にも直結します。

また足首周りの筋肉のバランスが悪く、動かしにくい状態では、立っ

たり歩いたりするときに安定感が得られません。するとその動きの悪さをフォローして働こうと、下半身のいろいろな筋肉が緊張するため、脚が太くなっていきます。

筋肉がアンバランスな状態のままで、日常の動きやトレーニングを行うと、どんどん筋肉はねじれ、緊張状態が続いてさらに脚は太くなり……と悪循環に陥ります。

それを回避するためにも、連動し合う筋肉のバランスを常にとってあげることがとても重要なのです。

「ぐりぐり&にぎにぎ」のメソッドは、**カンタン&短時間でできるのが継続しやすい大きなポイント**。筋肉をいつもバランスのいい状態に保ち、ラクに動ける行動的な美脚を定着させましょう。

ひざ下からひざ上へ
ねじれのもとになる筋肉を集中的に

脚の筋肉のねじれの大きな原因のひとつは、足が地面にうまくつけていないことにあります。

人間の脚は、足裏と指で地面をキャッチして安定させ、足首を柔軟に使って動かします。そのため足裏は自然なアーチを描いているのが本来の形。それがハイヒールのような窮屈な靴に閉じ込められることで、足指が縮こまって筋肉が弱り、扁平足《へんぺいそく》になったり、変形して外反母趾《がいはんぼし》や内反小趾《ないはんしょうし》などに発展し、足を地面にしっかりつけなくなっている人が多いのです。

実はこの足裏がしっかり地面につけない状態が、足首のねじれを招

き、骨盤へと伝播して全身のゆがみにもつながってしまうのです。

さらに骨盤と足の間にあるひざは、足首や股関節が正しく動けていないと、ゆがみを調整しようと頑張って動きます。その状態が長く続くと痛みが出たり、歳をとってから変形してしまう可能性も。変形してから戻すことは難しいですが、50代くらいまでは筋肉を刺激することでそれを阻止するのは十分可能です。今のうちに手を打ちましょう。

「ぐりぐり&にぎにぎ」メソッドでは、**まずは足の甲&足裏からアプローチして、筋肉のねじれをリセットしていきます**。そのあと、骨盤に向かって順に整えていきます。

足裏を地面にしっかりつけ、重心の乗せ方を正常に戻していくことで、身体は自然と整っていきます。脚を大事にケアするのは、美脚を手に入れるためなのはもちろんですが、全身のためにもなるのです。

ひざ下とひざ上の筋肉の連動

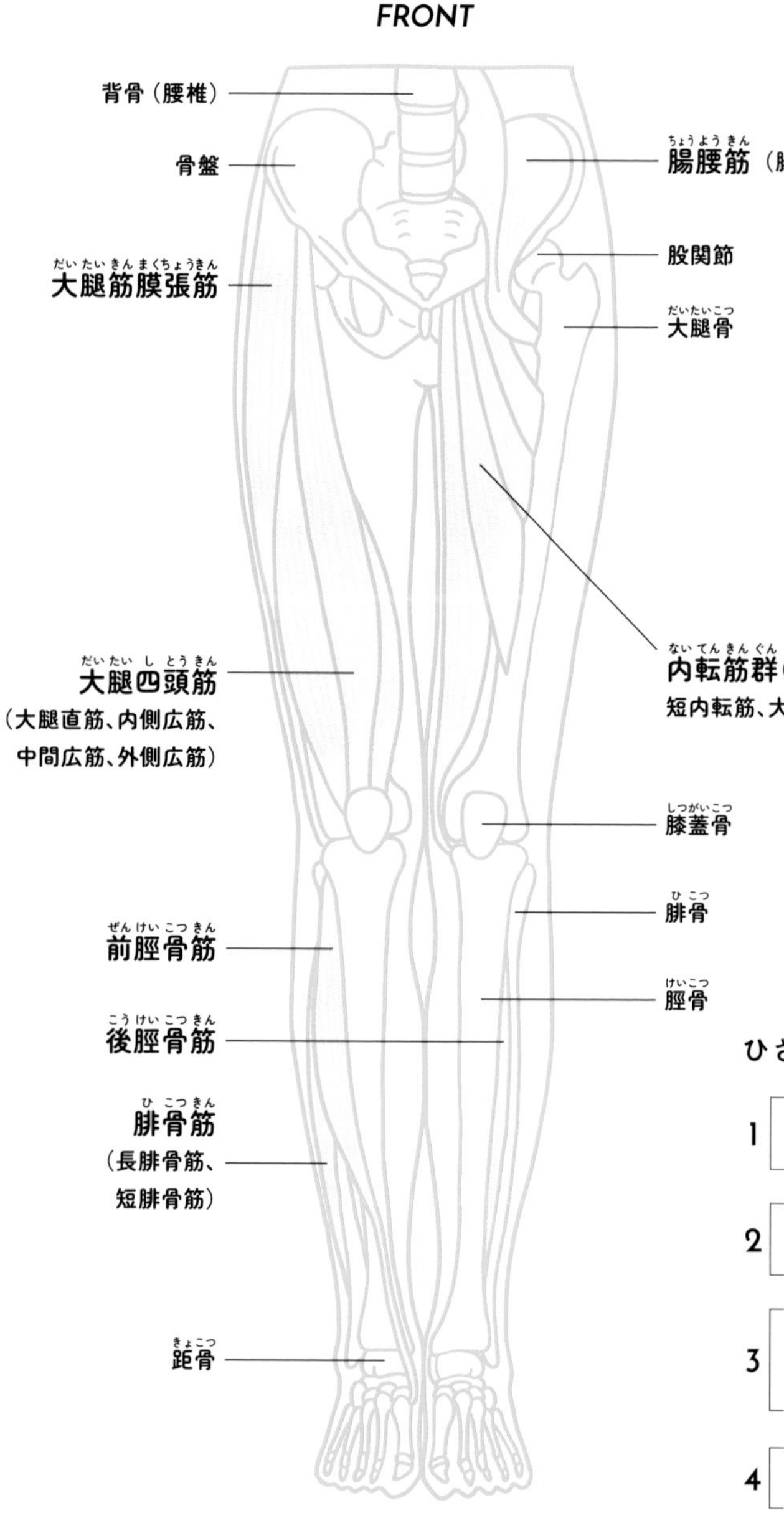
FRONT
背骨（腰椎）
骨盤
大腿筋膜張筋《だいたいきんまくちょうきん》
大腿四頭筋《だいたいしとうきん》
（大腿直筋、内側広筋、
中間広筋、外側広筋）
前脛骨筋《ぜんけいこつきん》
後脛骨筋《こうけいこつきん》
腓骨筋《ひこつきん》
（長腓骨筋、
短腓骨筋）
距骨《きょこつ》
腸腰筋《ちょうようきん》（腸骨筋・大腰筋・小腰筋）
股関節
大腿骨《だいたいこつ》
内転筋群《ないてんきんぐん》（恥骨筋、長内転筋、
短内転筋、大内転筋、薄筋）
膝蓋骨《しつがいこつ》
腓骨《ひこつ》
脛骨《けいこつ》

ひざ下の筋肉の連動

1
- 足の甲➡縮こまる
- 足の裏➡縮こまる

2
- 内すね➡縮む 後脛骨筋
- 外すね➡伸びる 腓骨筋

3
- 前すね➡縮む 前脛骨筋
- ふくらはぎ➡伸びる 腓腹筋、ヒラメ筋

4
- ひざ裏 ➡縮む＆伸びる 膝窩筋

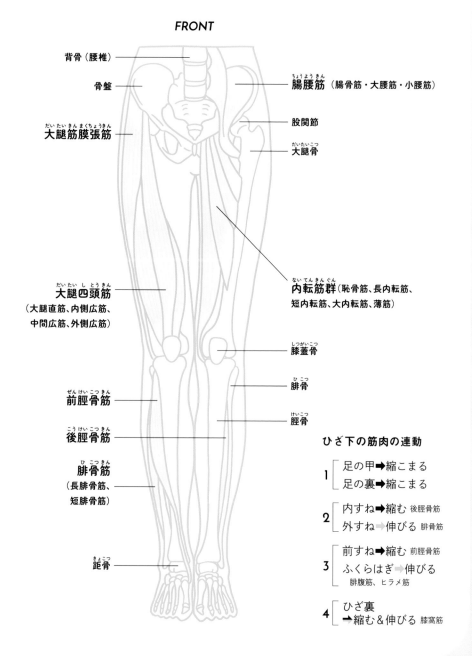

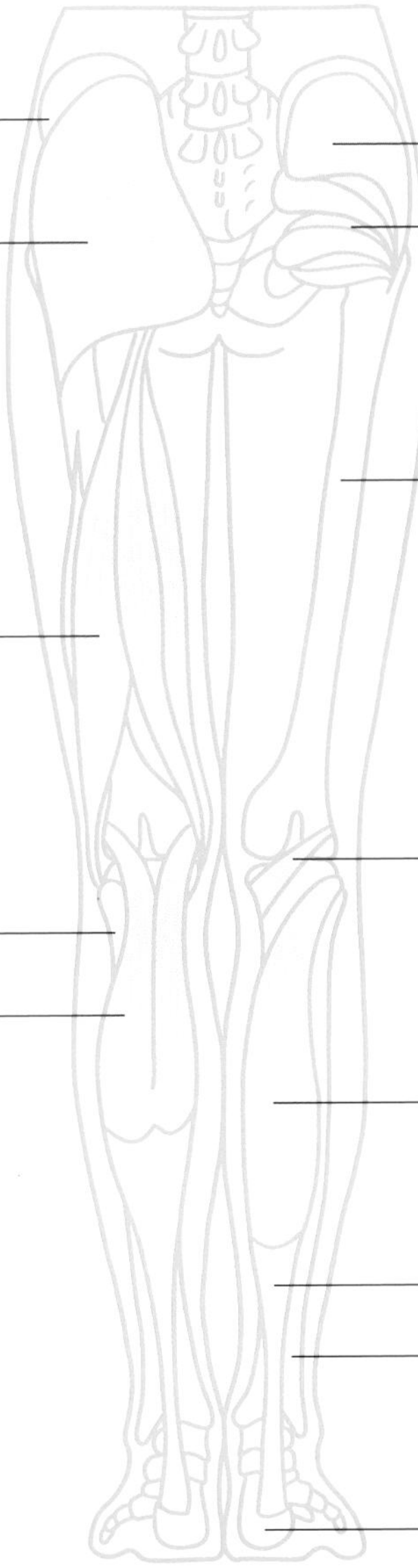
BACK
骨盤
大《だい》殿《でん》筋《きん》
ハムストリングス
（大腿二頭筋、
半腱様筋、半膜様筋）
腓骨
腓《ひ》腹《ふく》筋《きん》
中《ちゅう》殿《でん》筋《きん》、小《しょう》殿《でん》筋《きん》
深《しん》層《そう》外《がい》旋《せん》六《ろく》筋《きん》
（梨《り》状《じょう》筋《きん》、内閉鎖筋、
上双子筋、下双子筋、
大腿方形筋、外閉鎖筋）
大腿骨
膝《しつ》窩《か》筋《きん》
ヒラメ筋
アキレス腱
脛骨
踵骨

ひざ上の筋肉の連動

1
- 前もも➡縮む 大腿四頭筋
- 裏もも➡伸びる ハムストリングス

2
- 外もも➡縮む 大腿筋膜張筋
- 内もも➡伸びる 内転筋群

3
- お尻周り➡縮む 大殿筋、中殿筋、小殿筋、深層外旋六筋
- 股関節周り➡伸びる 腸腰筋

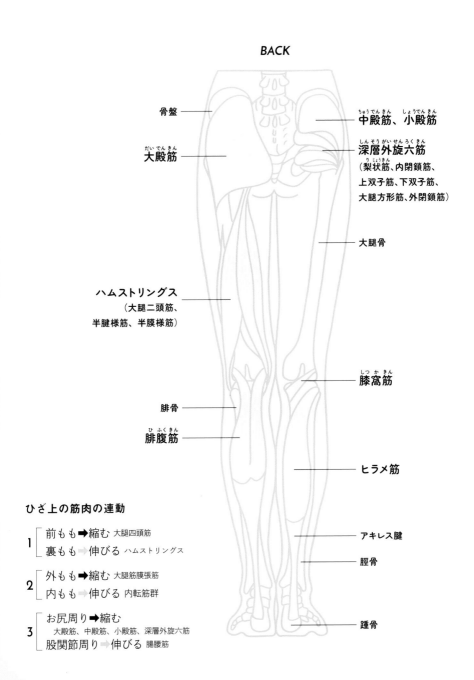

「リセット」「リバランス」で驚くほどまっすぐに！

私は、**ピラティスをベースに、身体のポテンシャルを引き出して、最適な状態にすることを目指したオリジナルメソッド「MAOBICS（マオビクス）」を考案しました。**

動かしやすく機能的で、健やかな美しさを持つ身体に変化していくことで、心も元気になる。それがマオビクスのテーマです。ありがたいことに多くの人が共感して参加してくださり、インストラクターも日本中で活躍しています。

マオビクスは、「リセット」「リバランス」「リマインド」の3ステッ

プで行います。
かたくなった筋肉をゆるめて、筋肉が持つ本来の柔軟さを取り戻すのが「リセット」。これで身体の可動域がぐんと広がります。
リセットした状態で動くことで、身体のバランスが整い、最適な動きができるようになるのが「リバランス」です。

さらにリセット、リバランスした身体の状態や動かし方を日常でも癖づけていくのが「リマインド」です。

「ぐりぐり&にぎにぎ」メソッドは、この「リセット」と「リバランス」の要素を合わせて行っていきます。**連動し合う筋肉を「ぐりぐり」でほぐし、「にぎにぎ」で動かし、双方のバランスを整えることで、身体を動かしやすいニュートラルな状態に導いていきます。**

筋肉がしっかり整った状態で、CHAPTER3からのトレーニングを行っていけば、まさに効果は絶大。どんなにコンプレックスのある脚でも、まっすぐの美脚に変われます。今こそ始めどき！　あなたらしい美しい脚を手に入れましょう！

「ぐりぐり」と「にぎにぎ」を効果的に組み合わせます

リセット

RESET

縮んだ筋肉をぐりぐりでほぐす

使いすぎや、逆にうまく使えないことが原因でかたくなっている筋肉をほぐします。親指の腹やこぶし、ひじを筋肉に押し当てて、力を入れてぐりぐりします。

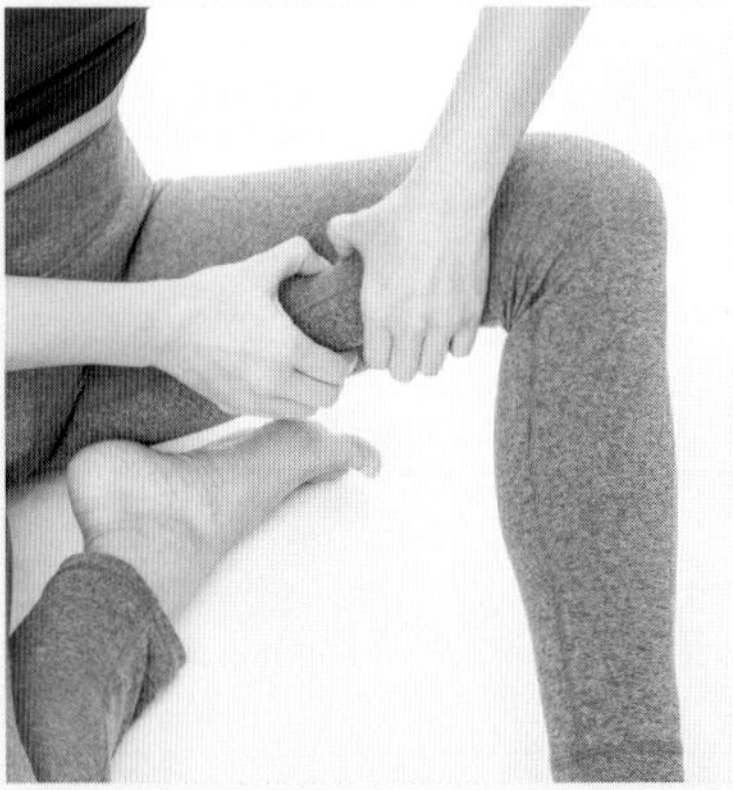

リバランス

REBALANCE

伸ばされて弱化した筋肉をにぎにぎで動かす

ぐりぐりでほぐした筋肉と連動する筋肉は、伸ばされて弱化した状態。5本指を立てた左右の手で筋肉をつかみ、にぎにぎして動かして本来の機能を取り戻すように促します。

CHAPTER

2

「ぐりにぎ」の基本 実践編

ひざ下からひざ上へ。
「ぐりぐり」と「にぎにぎ」を使い分けて
筋肉を整えるだけの新メソッド。
まずは１週間、続けてみましょう。

まずは、
脚のねじれをセルフチェック

「私の脚、ねじれている」。そんな自覚のある人は少ないはず。そこで、「ぐりにぎ」を行う前に、脚のねじれを確認しましょう。

やり方はとってもカンタンです。自然にまっすぐ立ち、脚を正面と真後ろからスマホなどで写真を撮り、次ページからの「ひざ」「ひざ下」「足首」のチェックポイントと見比べてください。ひざ下や足首のねじれに驚くかもしれませんが、自分のねじれ方がわかると、「ぐりにぎ」の必要性もわかってきます。

セルフチェックが終わったら、実践の前に準備運動を。足首や足指をしっかりほぐすことで血流が促され、「ぐりにぎ」効果が高まります。

まずは１週間続けて再度写真を撮り、脚の変化を確認してください。それでは、スタートです！

CHECK1

ひざのねじれをチェック

まずは左右のひざの向きと高さを確認。脚がねじれているとひざが内外どちらかに向いていたり高さがズレていたり、O脚などになりがちです。

チェックポイント2

ひざ上のライン。外側に向かってアーチを描いて開いている人が多く、反対に内側に向かってアーチを描いている人もねじれあり。

○

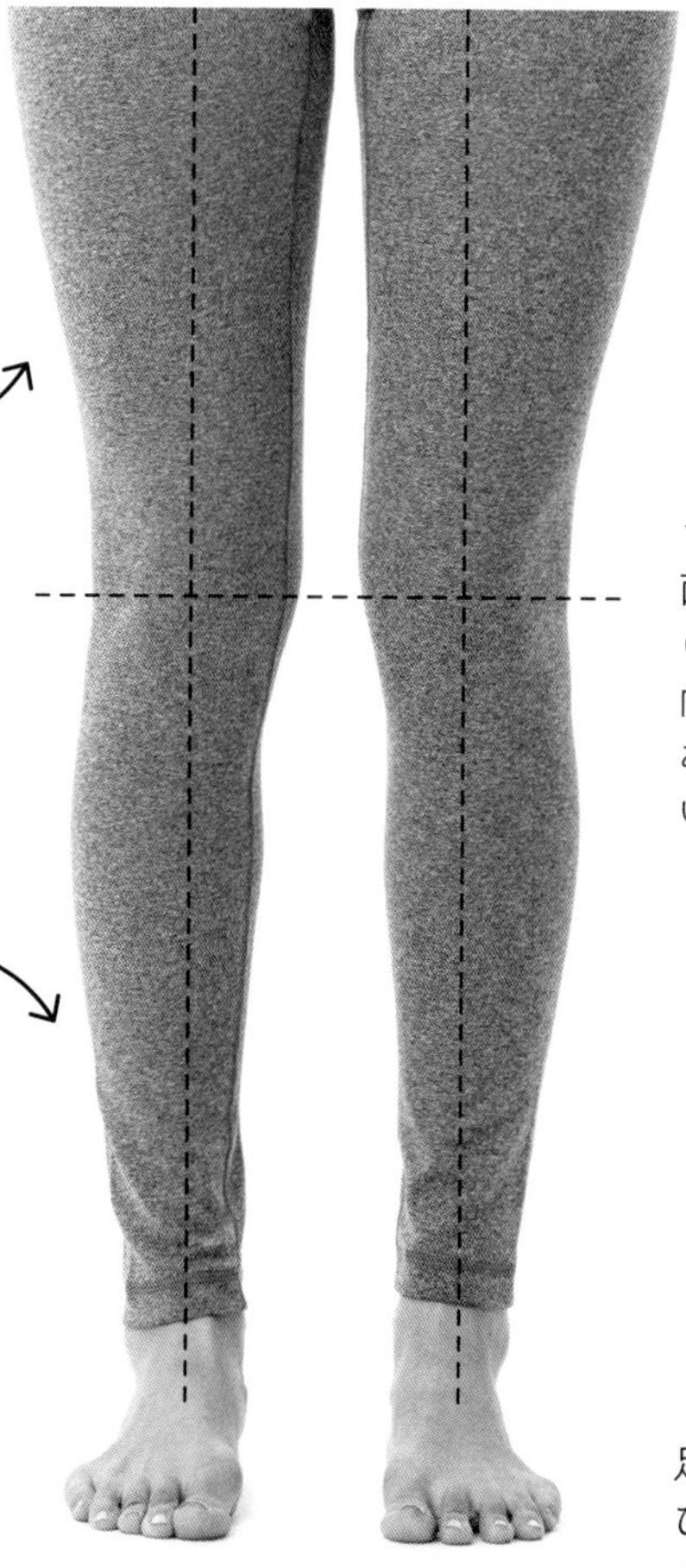

チェックポイント1

まっすぐな脚はひざが正面を向いている。内側（内旋）、外側（外旋）に向いている場合はねじれあり。また高さが揃っているかも確認。

チェックポイント3

ひざ下のライン。ふくらはぎが外側に向かってアーチを描いて開いたり、ふくらはぎが内側に向かってアーチを描いてくっつき気味の人もねじれあり。

HOW TO

足をこぶし1個分あけ、ひざを伸ばしてまっすぐ立つ。正面から写真を撮ってチェックする。

CHECK2

ひざ下のねじれをチェック

次にひざ下を確認。ねじれが生じると、ひざ下のすねの骨（脛骨）の起点が外側または内側にズレるので、シールを貼ってチェックします。

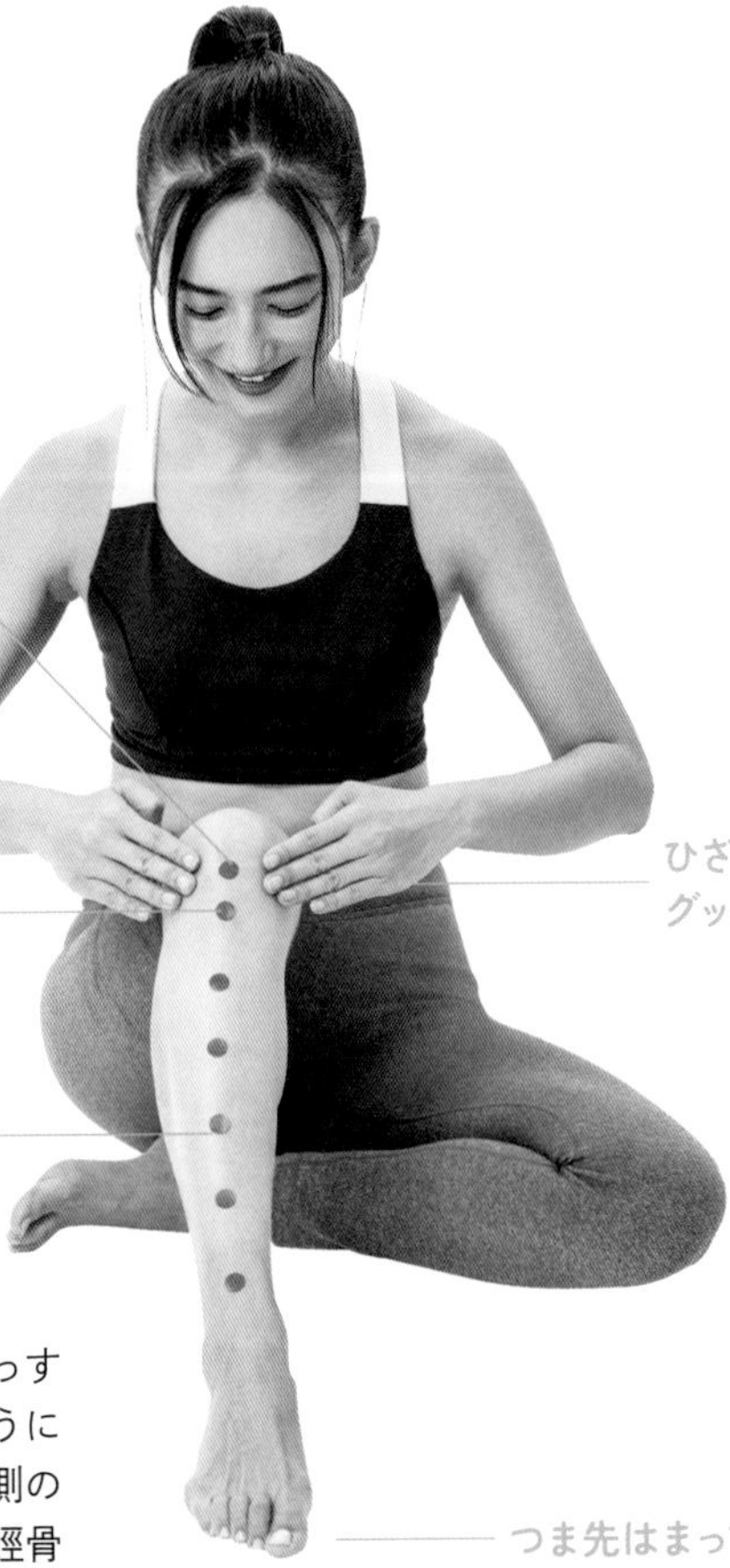
ひざのお皿下の
中心に
ひざ頭を
グッと押さえる
脛骨（すねの骨）の
起点に
脛骨に沿って
つま先はまっすぐ前

HOW TO

片ひざを立てて座り、つま先をまっすぐ前に向ける。ひざの骨が出るようにひざ頭を左右から押さえ、お皿下側の中心に青色のシールを貼る。次に脛骨（すねの骨）の起点（ひざ下のくぼみの下のぽこっと出た部分）に赤色のシールを貼り、脛骨に沿って足首の上まで等間隔に赤色のシールを貼る。

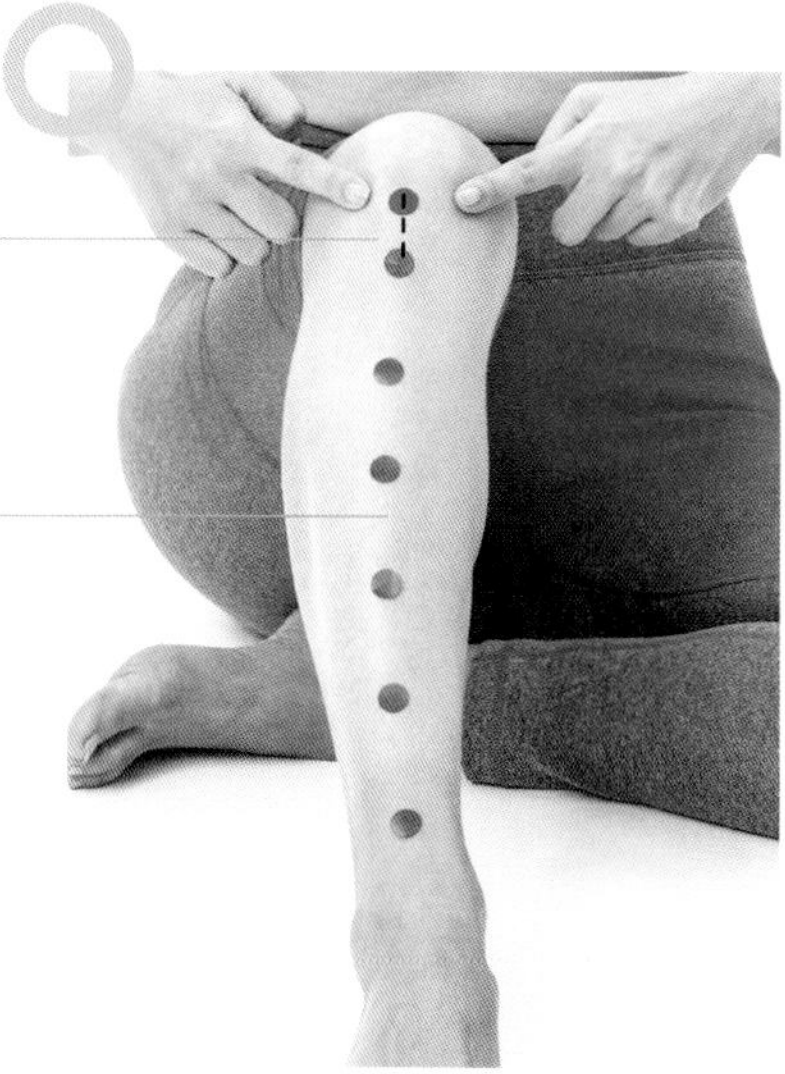
チェックポイント1
脛骨の起点がひざの
お皿の真下にある
チェックポイント2
脛骨のラインが
自然なバナナシェイプ

青色のシールの真下に赤色のシールの1つ目がある場合は、ひざの真下に脛骨があるのでねじれのないまっすぐな脚。続く赤いシールは、足首に向かってゆるやかなカーブを描いていればOK。

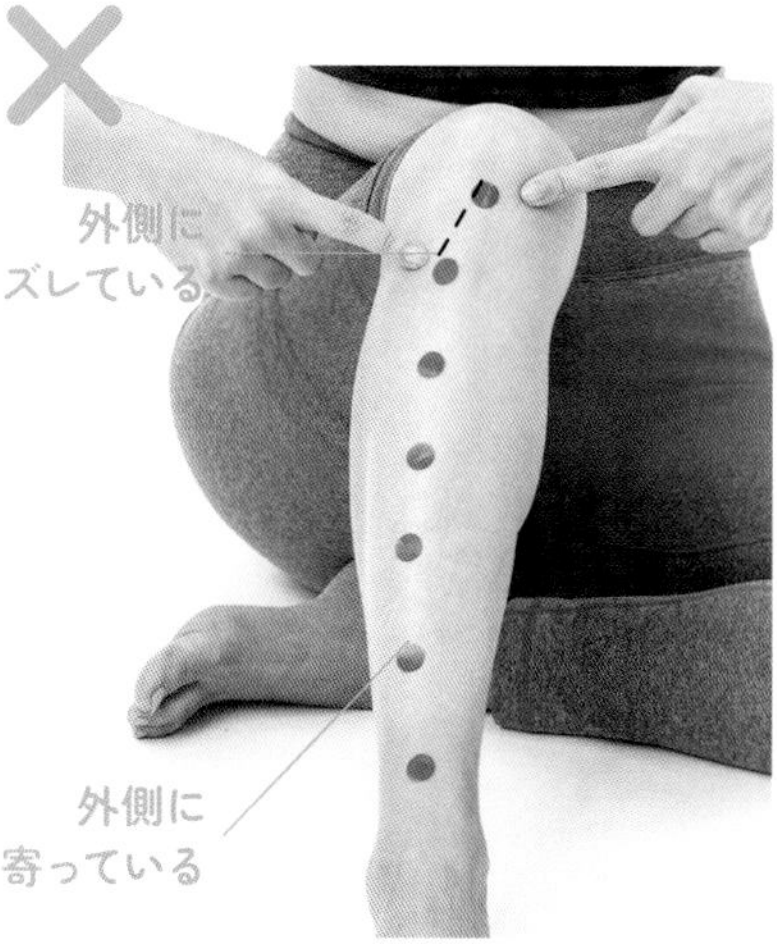
外側に
ズレている
外側に
寄っている

青色のシールに対して赤色のシールの1つ目が大きく外側にある場合は、脛骨の起点が外側にズレてひざ下が外旋している状態。

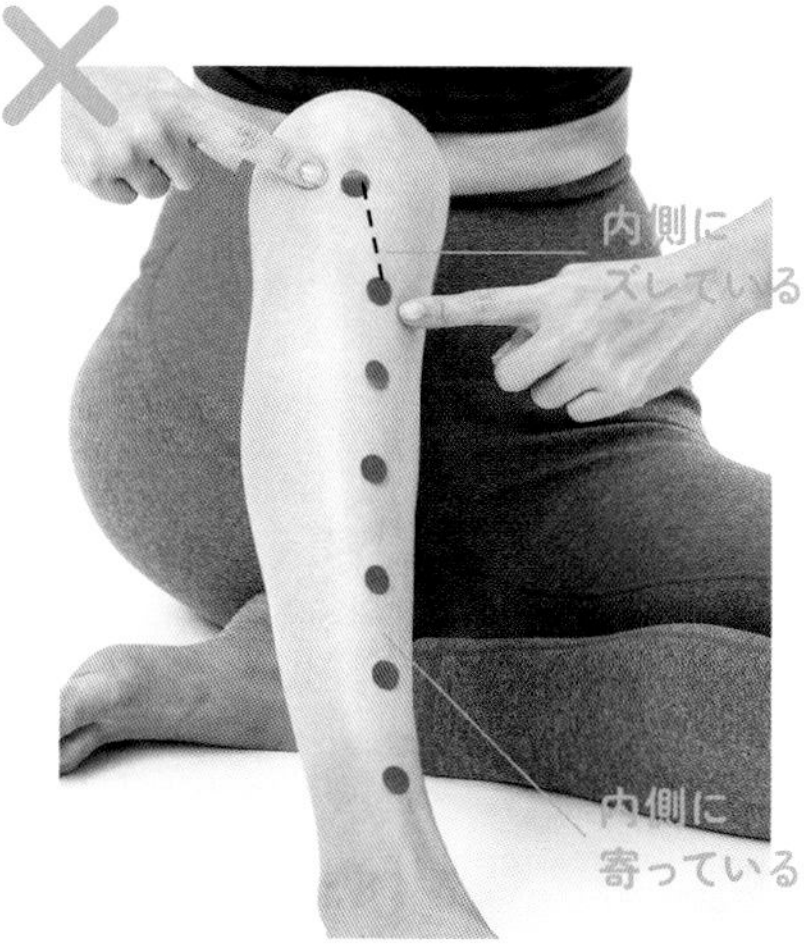
内側に
ズレている
内側に
寄っている

青色のシールに対して赤色のシールの1つ目が大きく内側にある場合は、脛骨の起点が内側にズレてひざ下が内旋している状態。

足首のねじれをチェック

CHECK3

HOW TO

足をこぶし１個分あけて、つま先をまっすぐ前に向けて自然に立つ。かかとを真後ろから写真を撮ってチェックする。

足首は立位《りつい》や歩行をはじめ全身に影響する部位。かかと（距骨と踵骨の関節部）のゆがみを確認します。

○

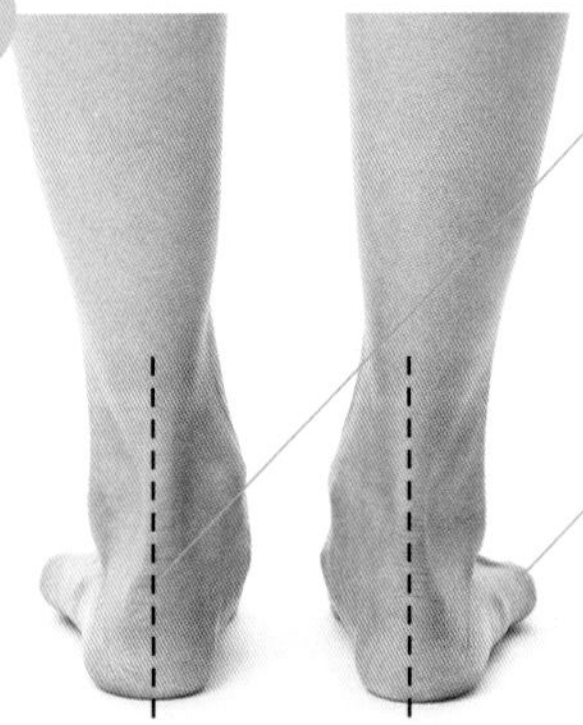

チェックポイント1

アキレス腱とかかとのラインがまっすぐ

チェックポイント2

足裏がバランスよくついている

アキレス腱からかかとのラインがまっすぐで、かかとの裏全体が地面に垂直につく。これが本来の状態で距骨と踵骨の関節部のゆがみがなく、歩行が正しく行えて靴底のすり減り方も均一。

×

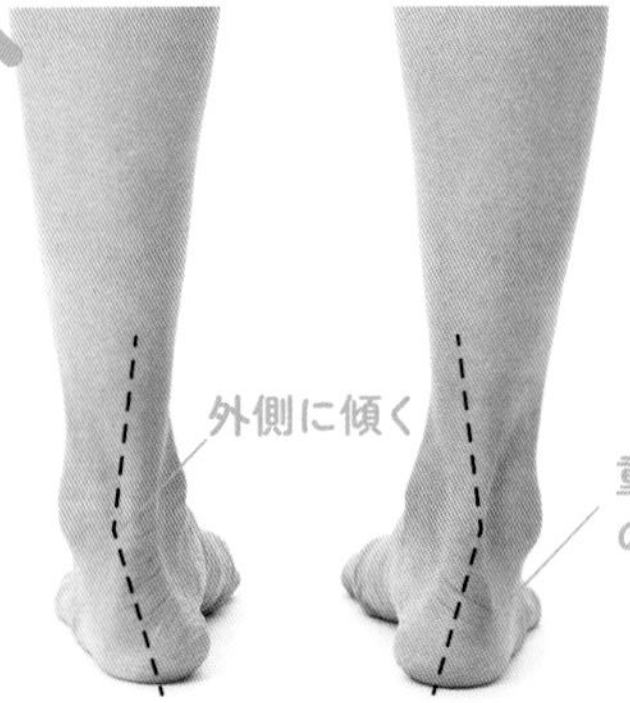

外側に傾く
重心が外側にのっている

かかとのラインが外側に傾く。距骨が外側に倒れた状態で、歩行時は靴底の外側がすり減りやすい。ガニ股、O脚、猫背の人にも多いタイプ。

×

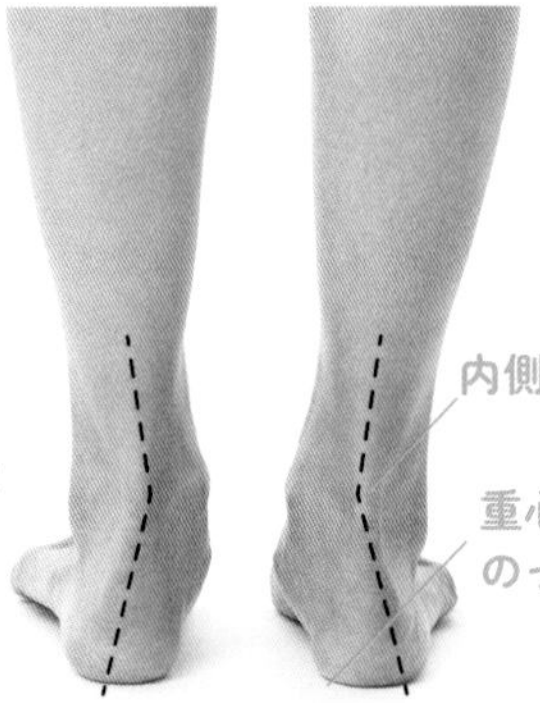

内側に傾く
重心が内側にのっている

かかとのラインが内側に傾く。距骨が内側に倒れた状態で、歩行時は靴底の内側がすり減りやすい。内股や外反母趾、扁平足の人にも多いタイプ。

準備運動

ぐりにぎ効果を高める足ほぐし

動画をCHECK!

準備運動 1

足首回し

まずはかたまりがちな足首をほぐします。
足指をしっかり開いて血流を促しながら、
足首を可動域いっぱいに動かしましょう。

基本姿勢

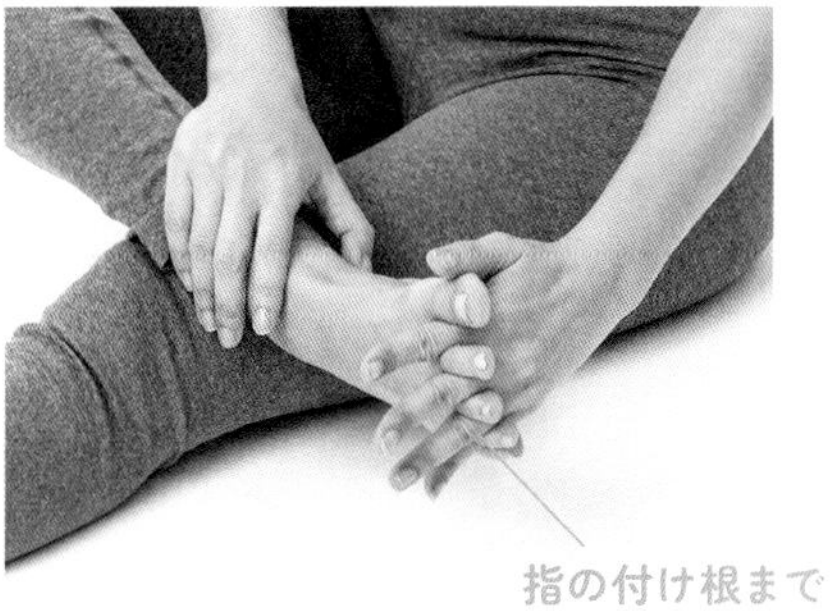
指の付け根まで

軽く固定
足首を出して
のせる

床か椅子に座り、ひざ上に反対の足首をのせる。足指の間に手指を根元まで入れてしっかりにぎる。まず、足を上下にしっかりと動かしてほぐし、次に回しやすいほうに大きく回す。足首がほぐれたら反対の足も同様に行う。

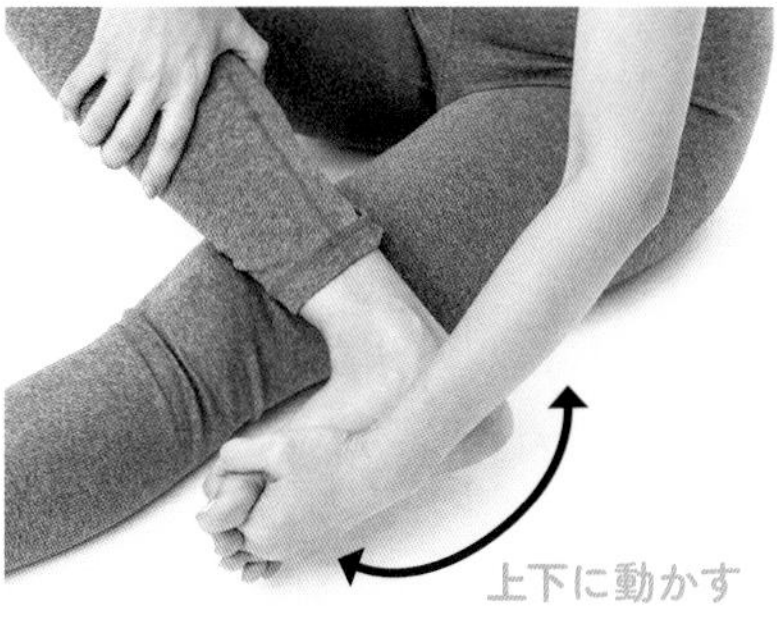
上下に動かす

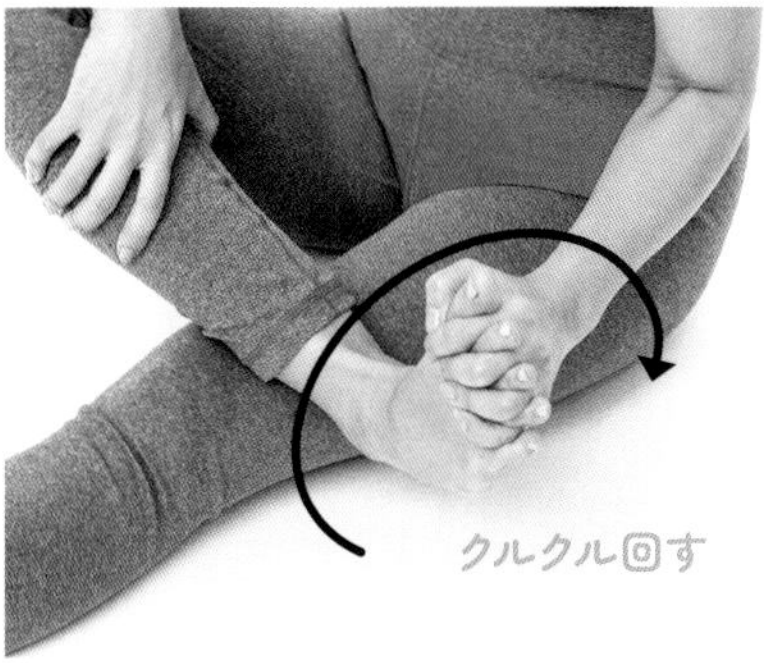
クルクル回す

準備運動 2

足指じゃんけん

足指をまんべんなく使うことで、脚の筋肉を正しく機能させることができます。できないパートを集中的に行って。

基本姿勢

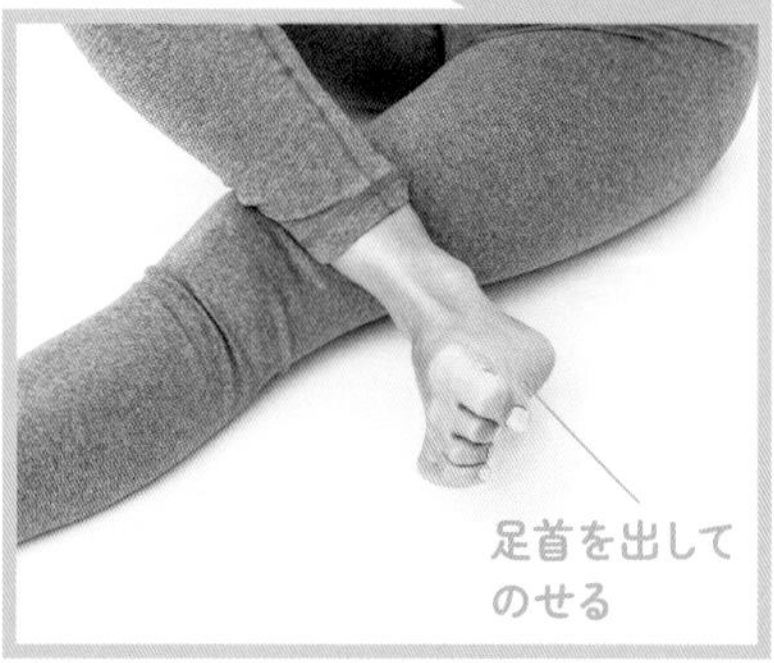
足首を出して
のせる

p.53の足首回しの基本姿勢で行う。足は伸ばしても、やりやすい姿勢でOK。

グー

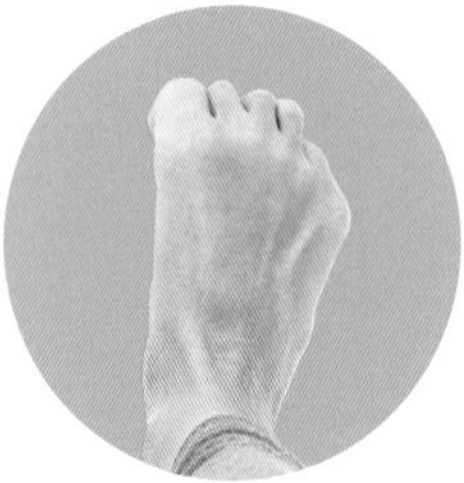

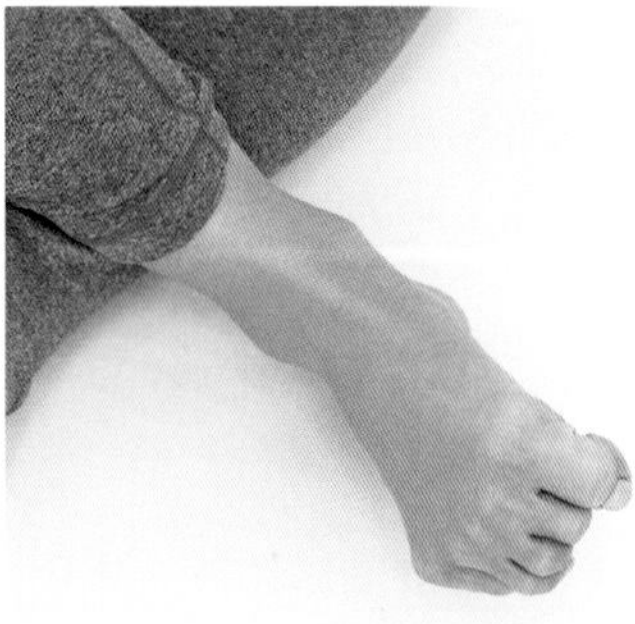

足の指でものをつかむようなイメージで5本の指をギュッと曲げる。

＋

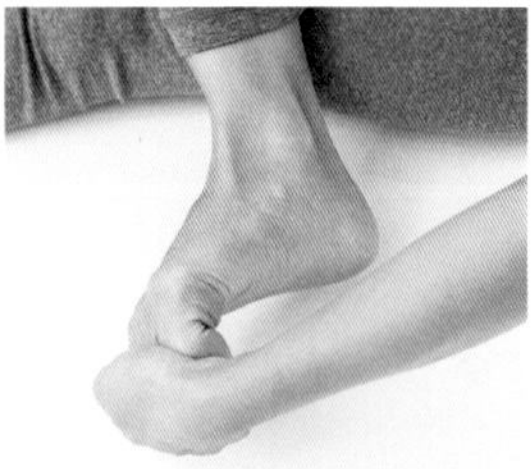

手で足指を足裏側に折り曲げるようにしっかり押さえる。

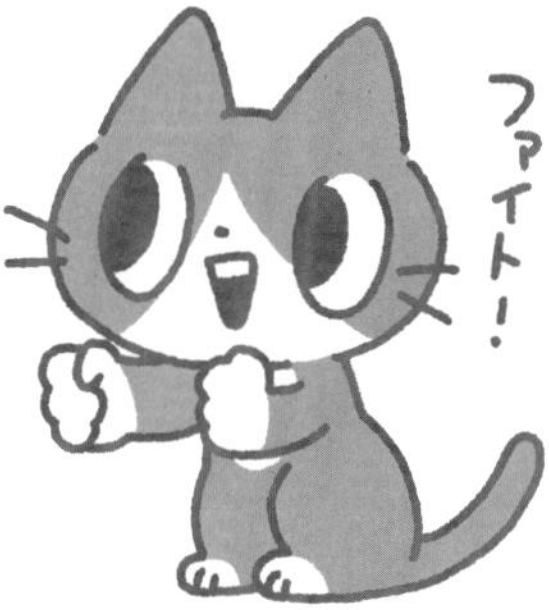
ファイト！

パー

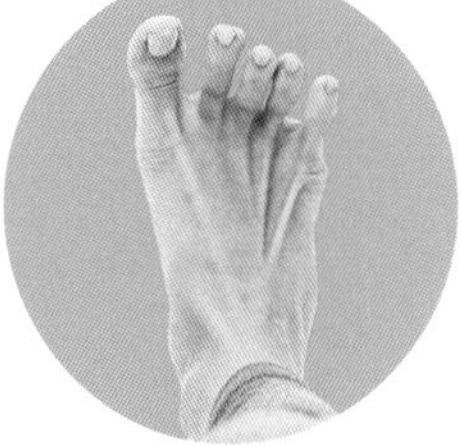

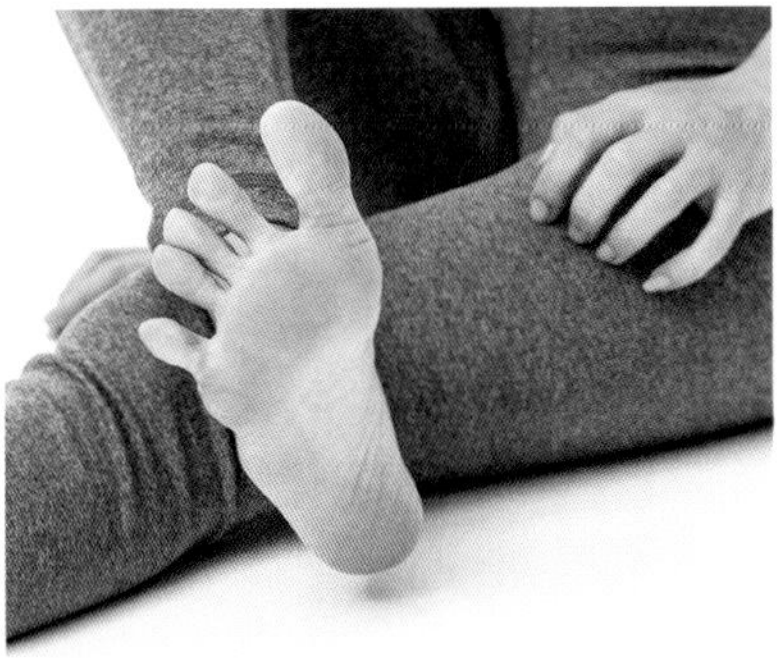

足指を横に大きく開く。指の間が開かない指は、手指で開いて感覚を覚えさせる。

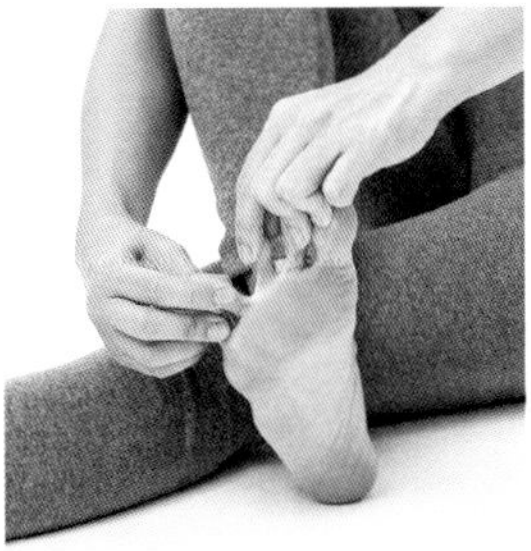

親指から順に、手指を使ってすべての足指を横に広げてほぐす。

チョキ

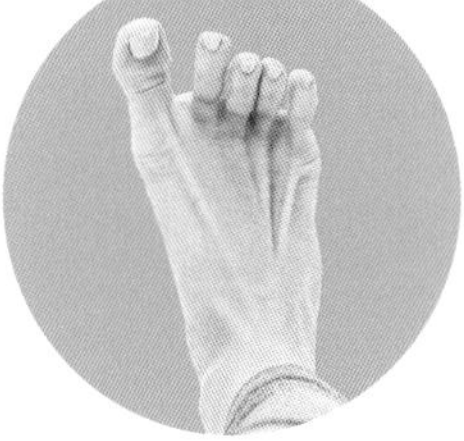

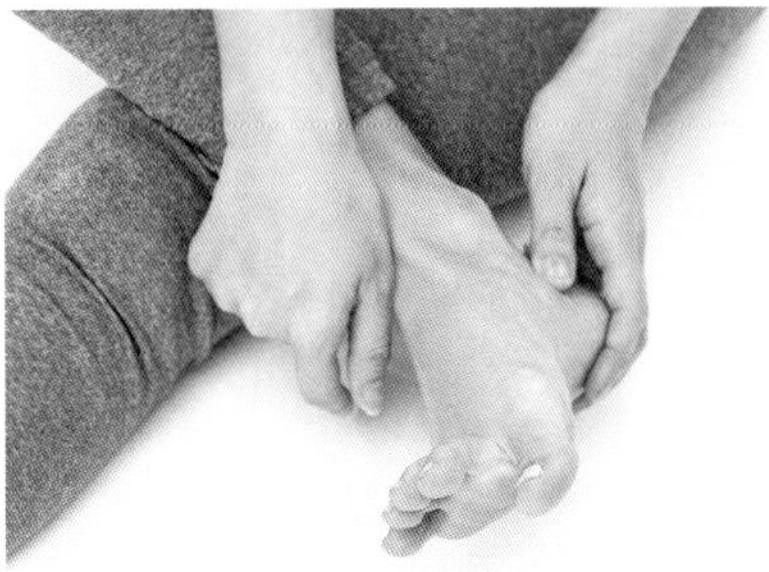

親指を上に、そのほかの４本は下げる。次に指を逆にして行う。

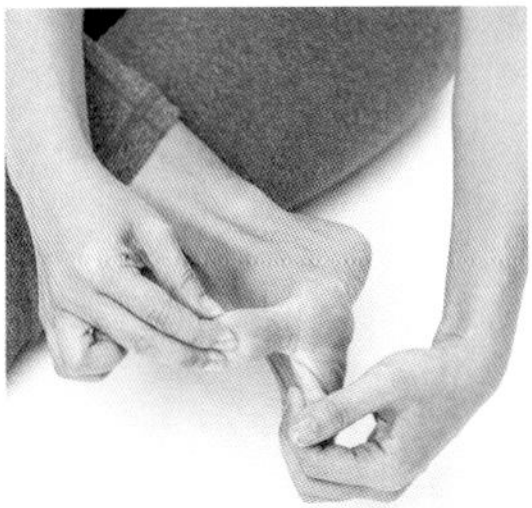

親指から順に、手指を使ってすべての足指を縦に広げてほぐす。

ぐりぐり & にぎにぎ
手技レッスン

3つのぐりぐりと
1つのにぎにぎを使い分け

グーぐりぐり

こぶし

手をにぎり、指の第2関節部分、または第3関節をリセット部位によって使い分け。関節部をグッと押し当ててぐりぐりする。

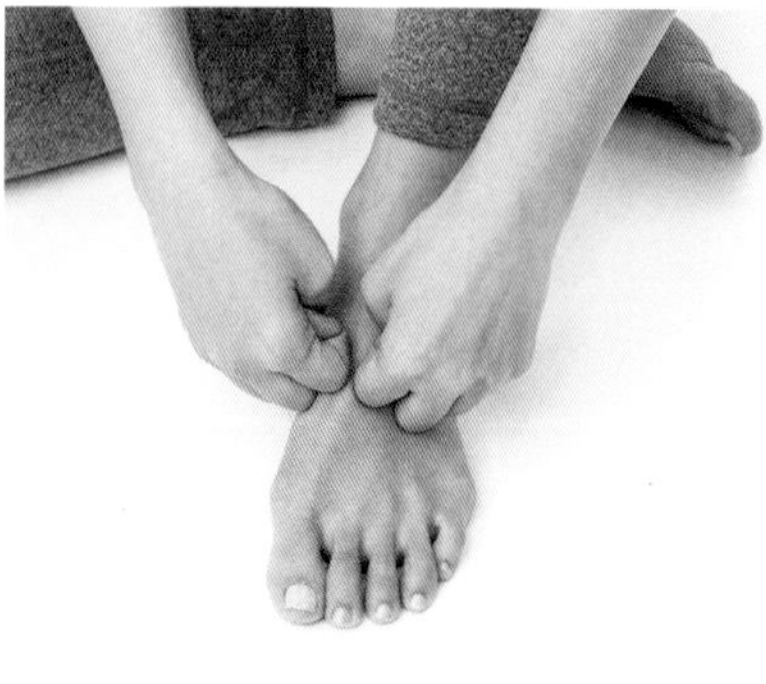

グッドぐりぐり

親指

親指の腹でプッシュ。リセット部位にグッと押し当ててぐりぐりする。

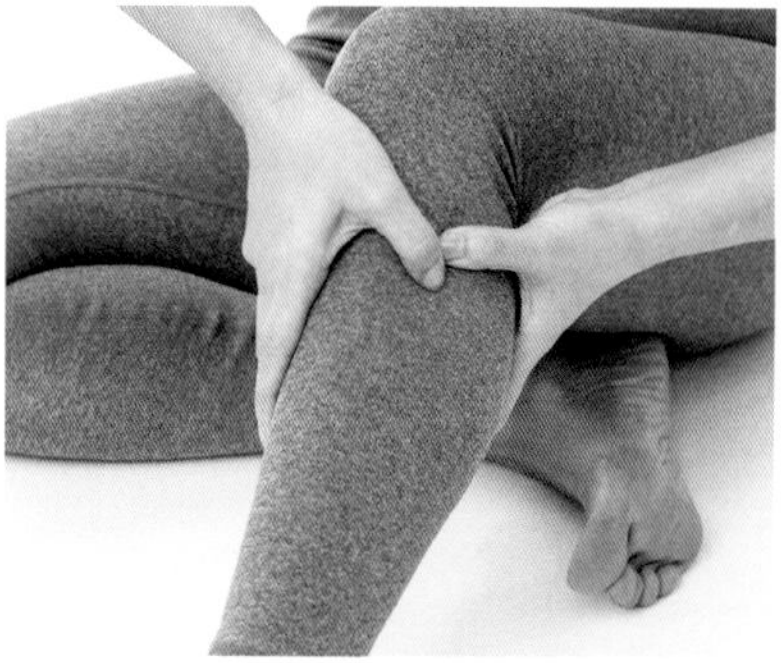

（にぎにぎ）

リバランス部位をつかみ、
にぎにぎする

ガオーにぎにぎ

5本指

5本指を立ててにぎにぎ。リバランス部位の筋肉をつかみ、左右の手で交互ににぎにぎ、または左右一緒ににぎる。

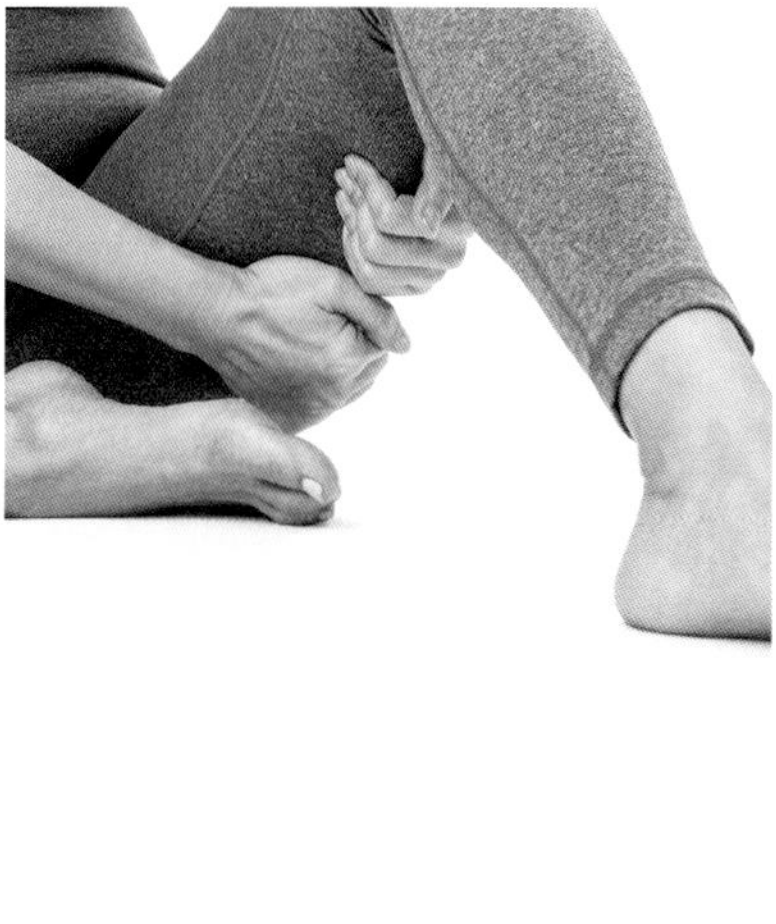

（ぐりぐり）

リセット部位に
グッと押し当て、
ぐりぐり動かす

すりこぎぐりぐり

ひじ

腕を曲げてひじでプッシュ。リセット部位にグッと押し当て、体重をかけながらぐりぐりする。腕で筋肉全体をさするアレンジパターンもあり。

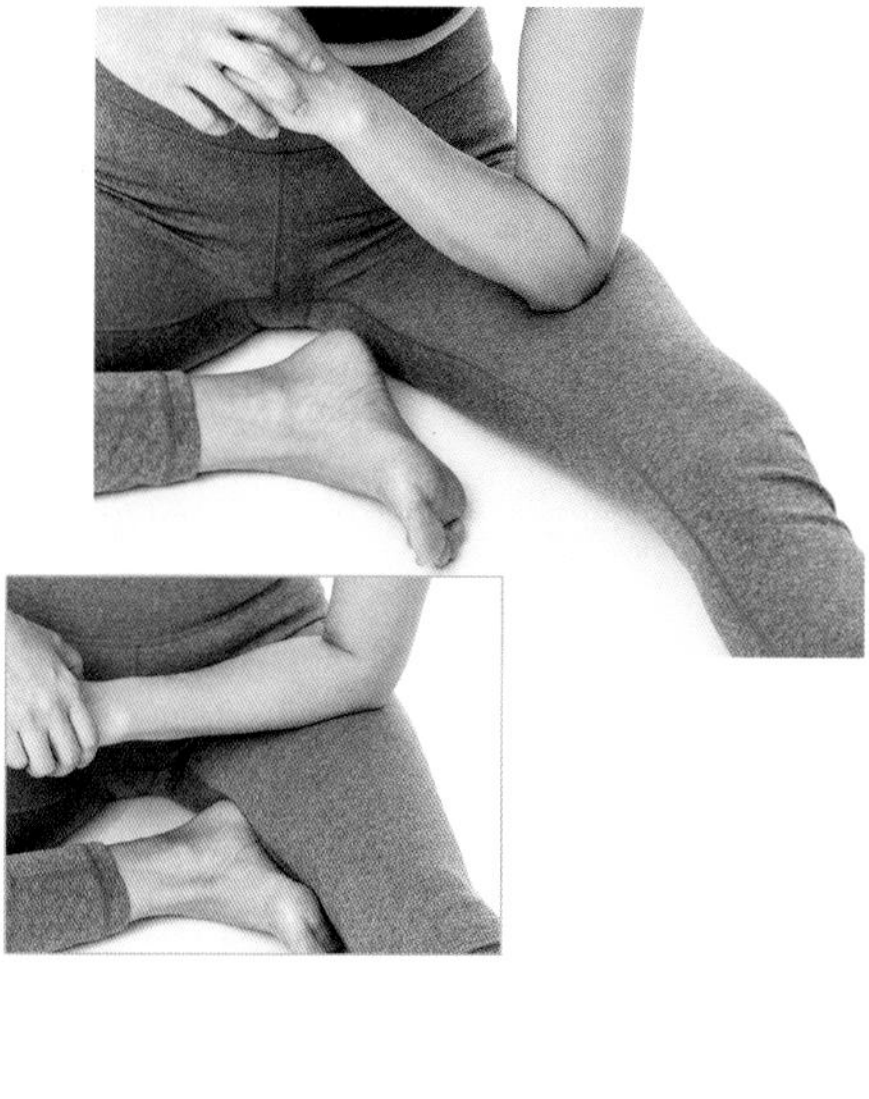

全脚ねじれ改善「ぐりにぎ」解説の見方

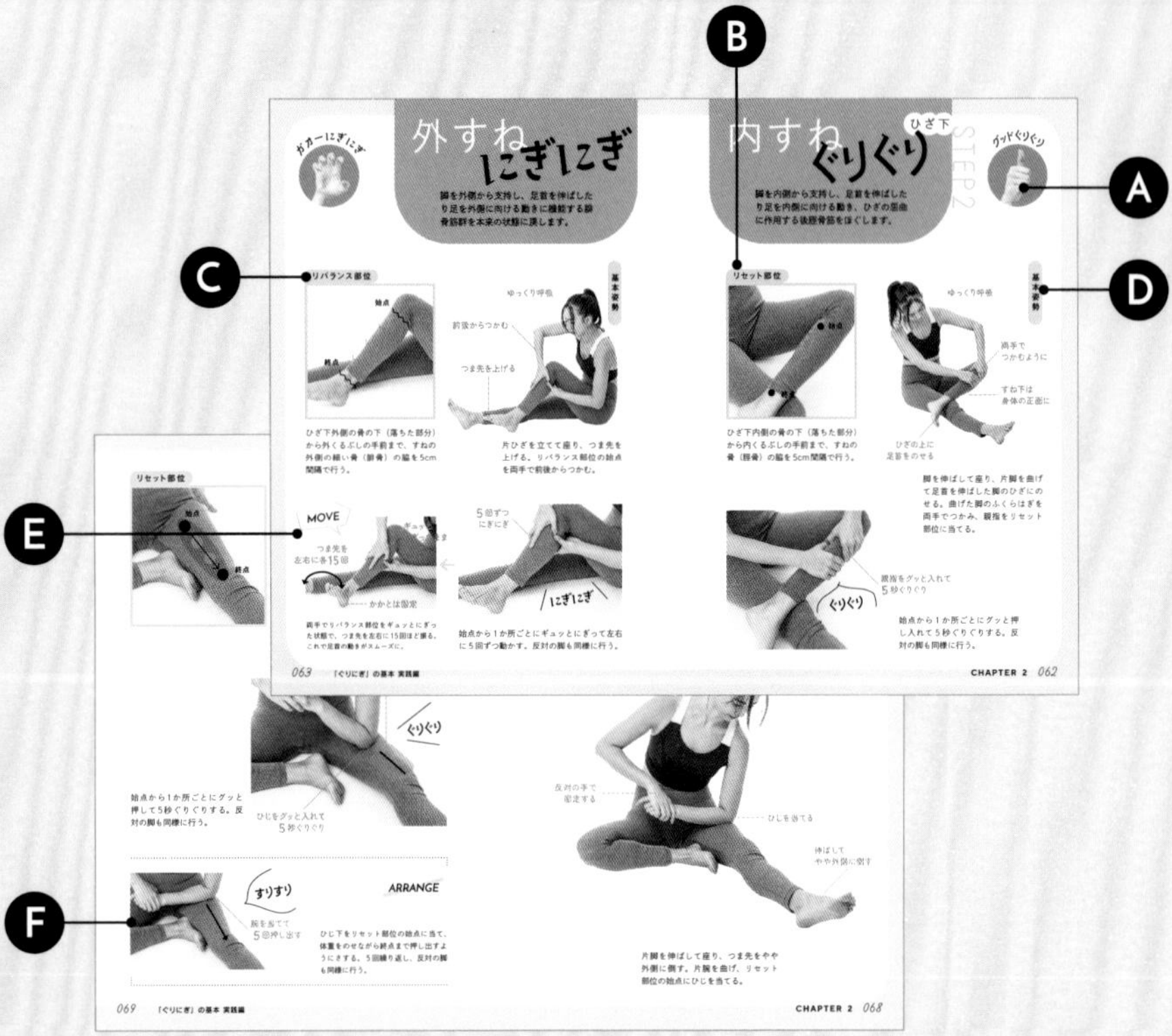

A. 手技アイコン

各ぐりにぎで使用する手技。p.56-57の手技レッスンを参考にぐりぐりとにぎにぎを行う。

B. リセット部位

ぐりぐりしてほぐす部位の解説。色をのせた範囲の始点から終点に向かって赤い印の部分をぐりぐりする。

C. リバランス部位

にぎにぎして動かす部位の解説。色をのせた範囲の始点から終点に向かって赤い印の部分をにぎにぎする。

D. 基本姿勢

やりやすい姿勢とポイントを記載。

E. MOVE

にぎにぎのあとに行うと、ねじれ解消効果が上がるプチエクサ。

F. ARRANGE

基本の手技とは異なる手技で。プラスして行うと効果的。

動画を
CHECK!

ひざ下を整える

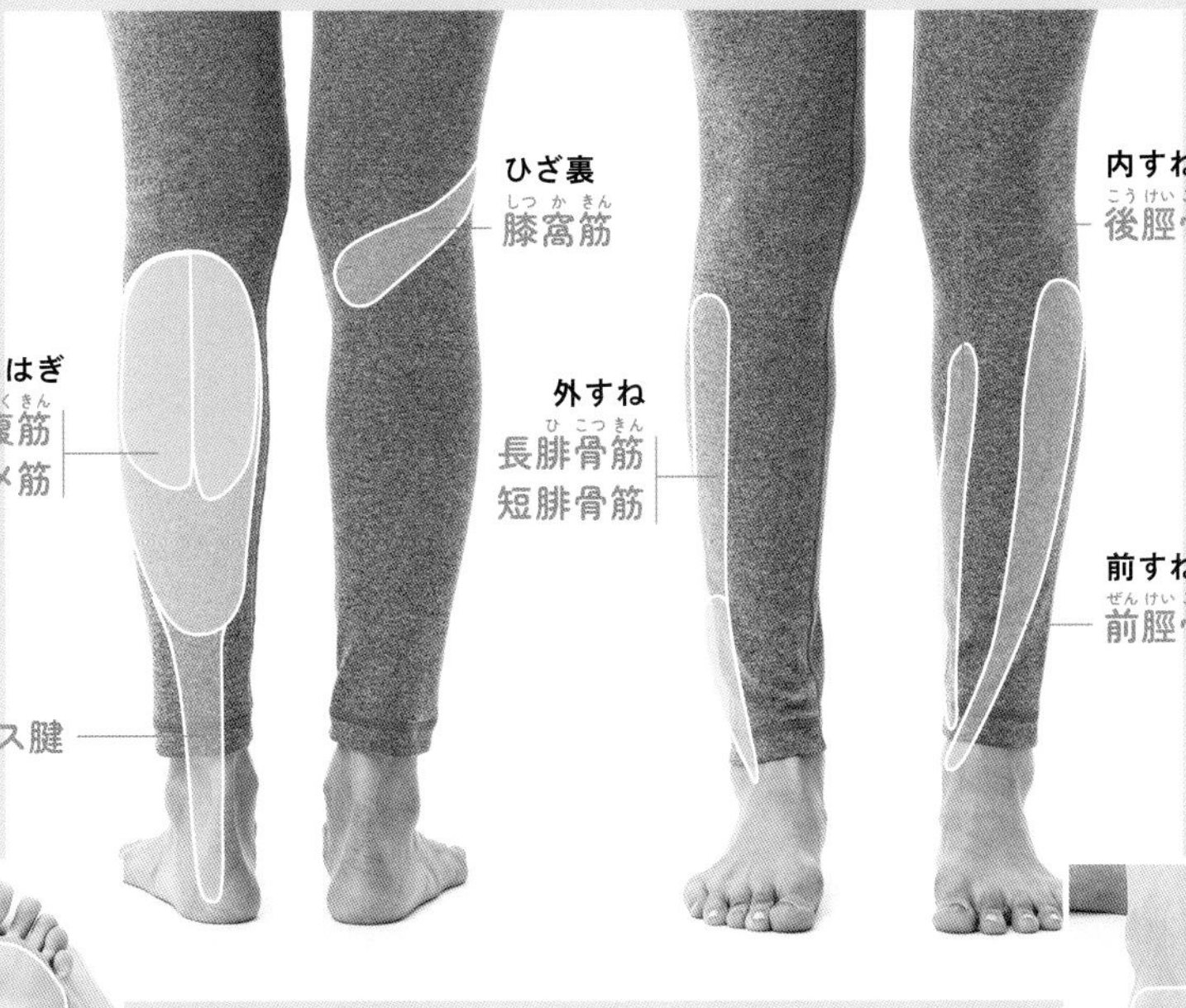
BACK
FRONT
ひざ裏
膝《しつ》窩《か》筋《きん》
ふくらはぎ
腓《ひ》腹《ふく》筋《きん》
ヒラメ筋
アキレス腱
外すね
長腓《ひ》骨《こつ》筋《きん》
短腓骨筋
内すね
後《こう》脛《けい》骨《こつ》筋《きん》
前すね
前《ぜん》脛《けい》骨《こつ》筋《きん》

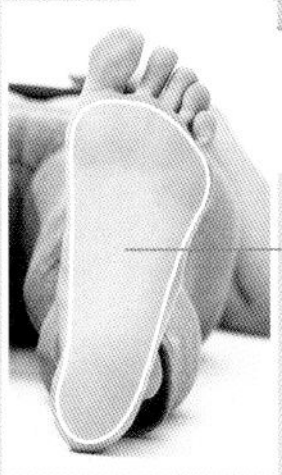
足の裏

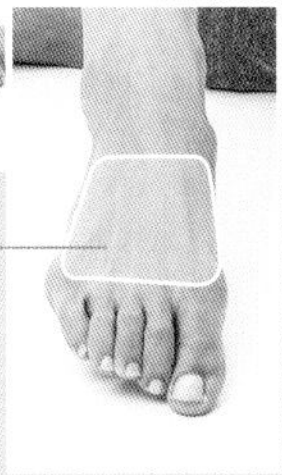
足の甲

（ひざ下プログラム）

STEP1
足の甲ぐりぐり
足の裏ぐりぐり

←

STEP2
内すねぐりぐり
外すねにぎにぎ
＋MOVE

←

STEP3
前すねぐりぐり
ふくらはぎにぎにぎ
＋MOVE

←

STEP4
ひざ裏ぐりぐり
&にぎにぎ
＋MOVE

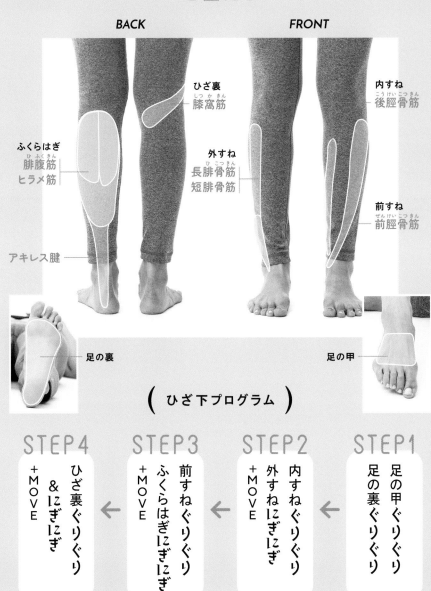

足の甲ぐりぐり

ひざ下

STEP1

グーぐりぐり

靴の中で縮こまりがちな甲の筋肉をリセット。血流や老廃物も滞りやすいので、一方向に流してむくみもオフ。

リセット部位

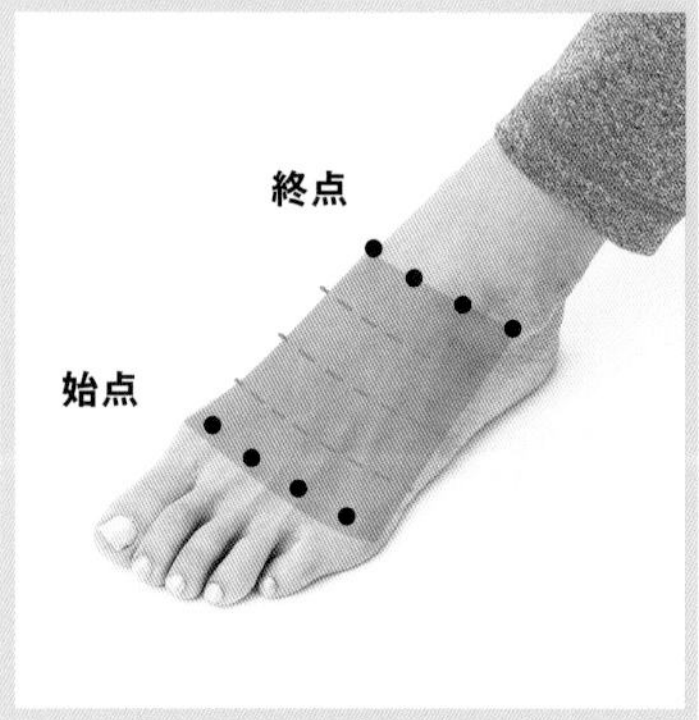
終点
始点

足指の付け根から足首の手前までの甲全体。足指の付け根から5か所くらいを順に行う。

基本姿勢

ゆっくり呼吸
つま先はまっすぐ前
足裏を床につける

片ひざを立てて座り、つま先はまっすぐ前に向ける。両手をグーにして第二関節をリセット部位に当てる。

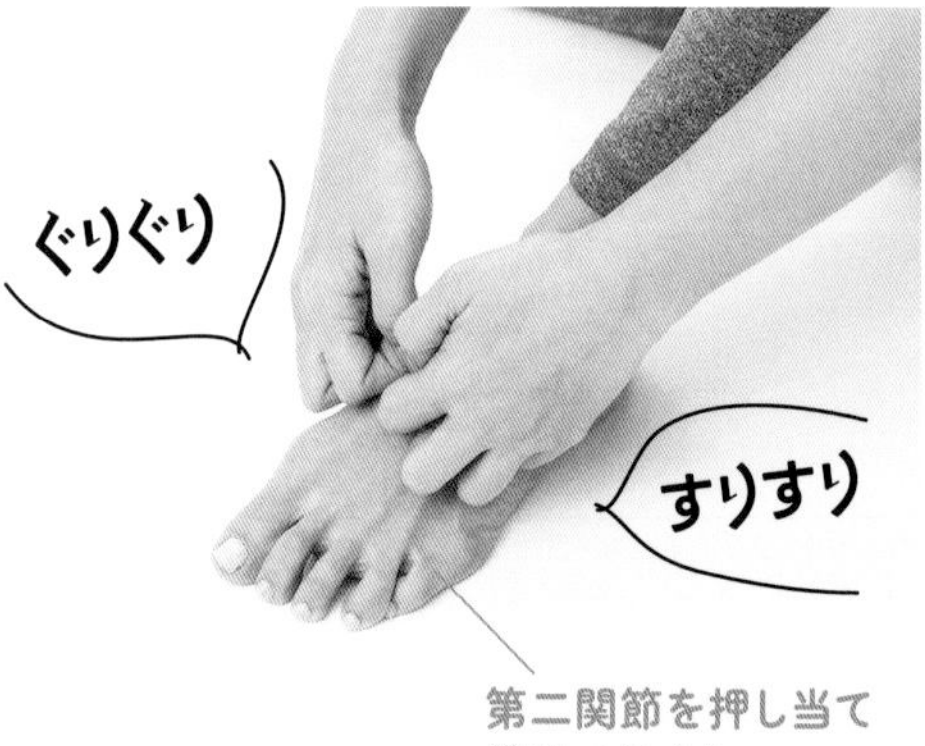
ぐりぐり
すりすり
第二関節を押し当て
5秒ぐりぐり

足指の骨と骨の間に手の第二関節をはめるように当て、1か所ごとにグッと押して5秒ぐりぐりする。最後に、ぐりぐりしながらさする。反対の足も同様に行う。

足の裏ぐりぐり

グーぐりぐり

足裏は血流や老廃物が滞りやすく、アーチ機能が低下しがち。しっかりほぐしてプリプリの足裏に。

リセット部位

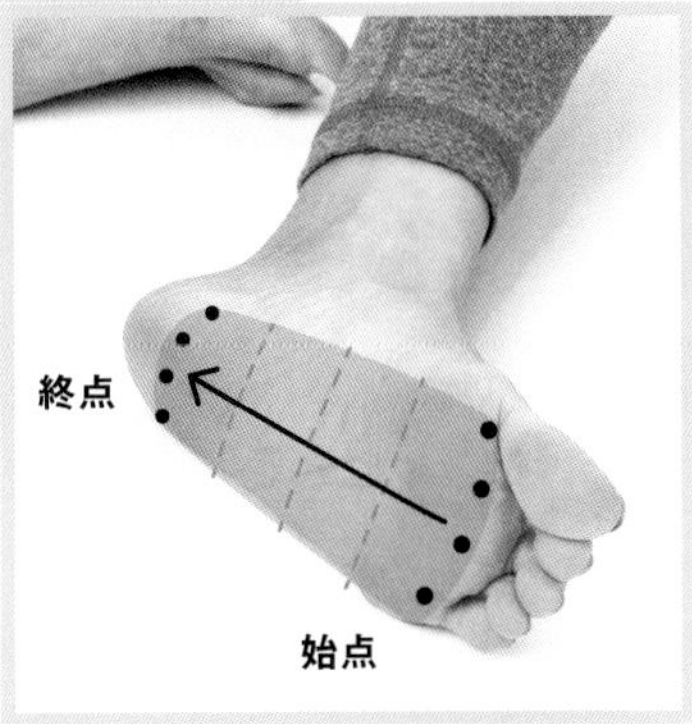

終点
始点

足指の付け根からかかとの手前までの足裏全体。足指の付け根から5か所くらいを順に行い、最後に矢印のように始点から終点までさする。

基本姿勢

ゆっくり呼吸
足首を固定
足裏を斜め上に向ける

片ひざを立てて座り、ひざを外側に倒して足裏を斜め上に向ける。足首を持って固定し、反対の手をグーにして第二関節をリセット部位に当てる。

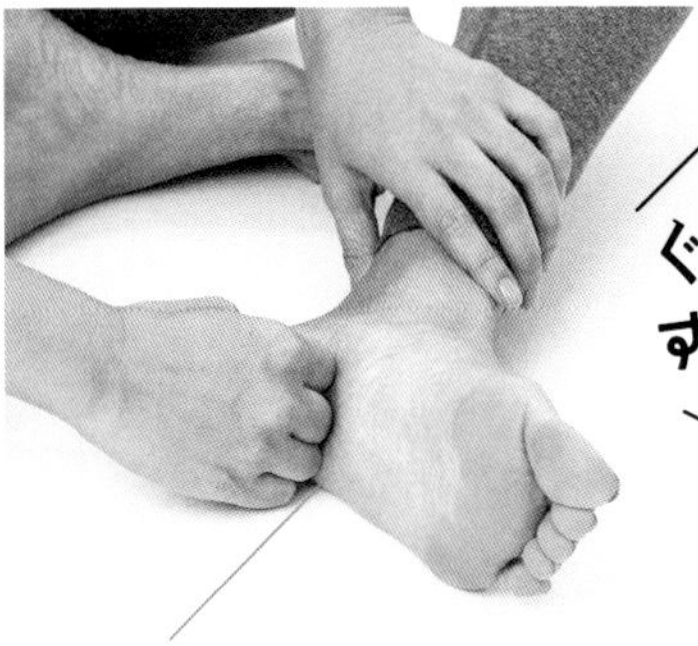

ぐりぐり
すりすり
第二関節を押し当て
5秒ぐりぐり

始点から、1か所ごとにグッと押して5秒ぐりぐりする。さらに、始点と終点をぐりぐりしてから、足裏全体を第二関節で血流を促すように強めにさする。反対の足も同様に行う。

内すね ぐりぐり ひざ下

STEP2

グッドぐりぐり

脚を内側から支持し、足首を伸ばしたり足を内側に向ける動き、ひざの屈曲に作用する後脛骨筋をほぐします。

リセット部位

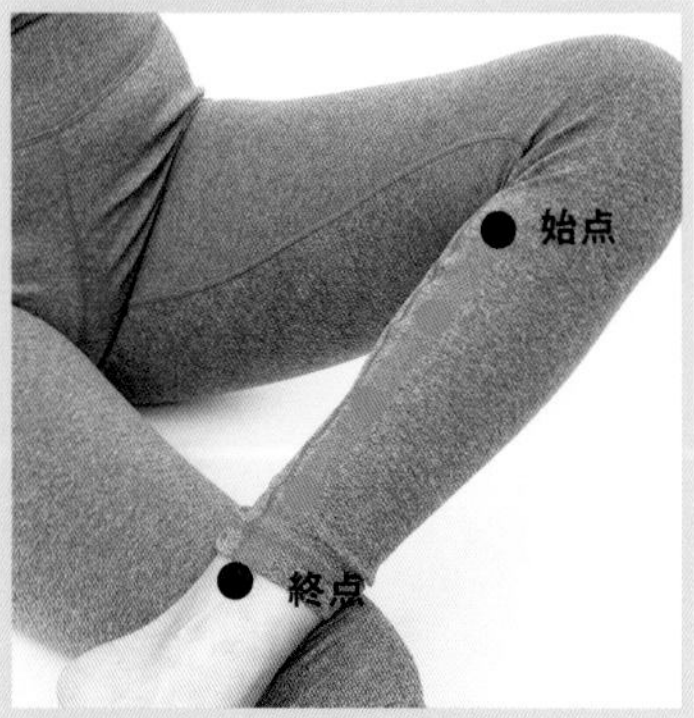

始点
終点

ひざ下内側の骨の下（落ちた部分）から内くるぶしの手前まで、すねの骨（脛骨）の脇を5cm間隔で行う。

基本姿勢

ゆっくり呼吸
両手でつかむように
すね下は身体の正面に
ひざの上に足首をのせる

脚を伸ばして座り、片脚を曲げて足首を伸ばした脚のひざにのせる。曲げた脚のふくらはぎを両手でつかみ、親指をリセット部位に当てる。

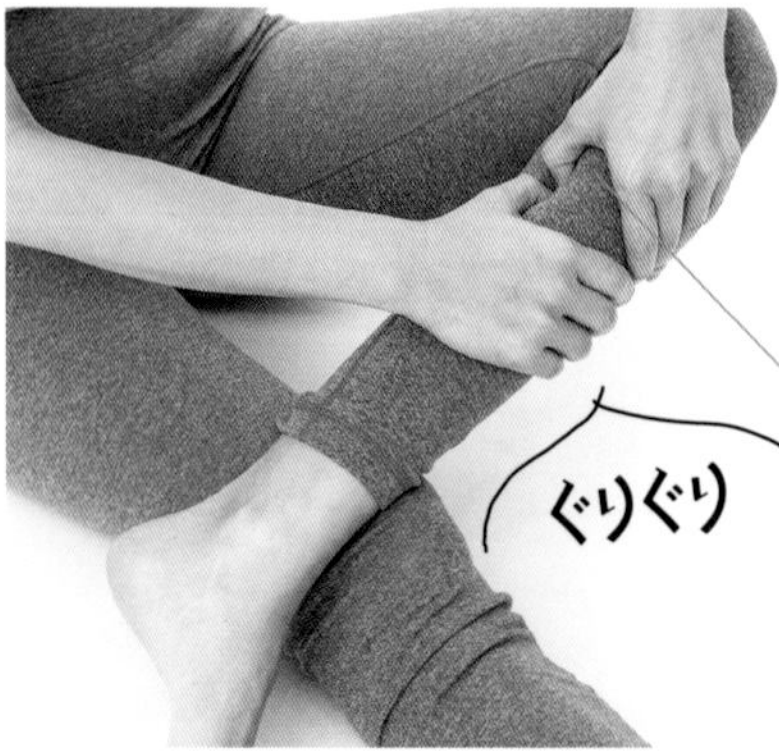

親指をグッと入れて5秒ぐりぐり
ぐりぐり

始点から1か所ごとにグッと押し入れて5秒ぐりぐりする。反対の脚も同様に行う。

外すね にぎにぎ

ガオーにぎにぎ

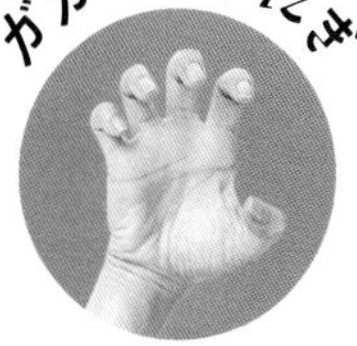

脚を外側から支持し、足首を伸ばしたり足を外側に向ける動きに機能する腓骨筋群を本来の状態に戻します。

リバランス部位

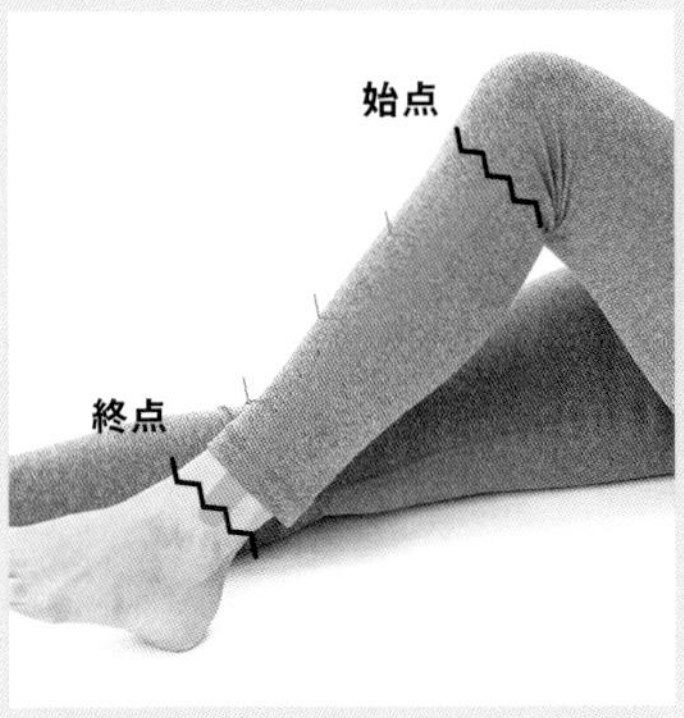

始点
終点

ひざ下外側の骨の下（落ちた部分）から外くるぶしの手前まで、すねの外側の細い骨（腓骨）の脇を5cm間隔で行う。

基本姿勢

ゆっくり呼吸
前後からつかむ
つま先を上げる

片ひざを立てて座り、つま先を上げる。リバランス部位の始点を両手で前後からつかむ。

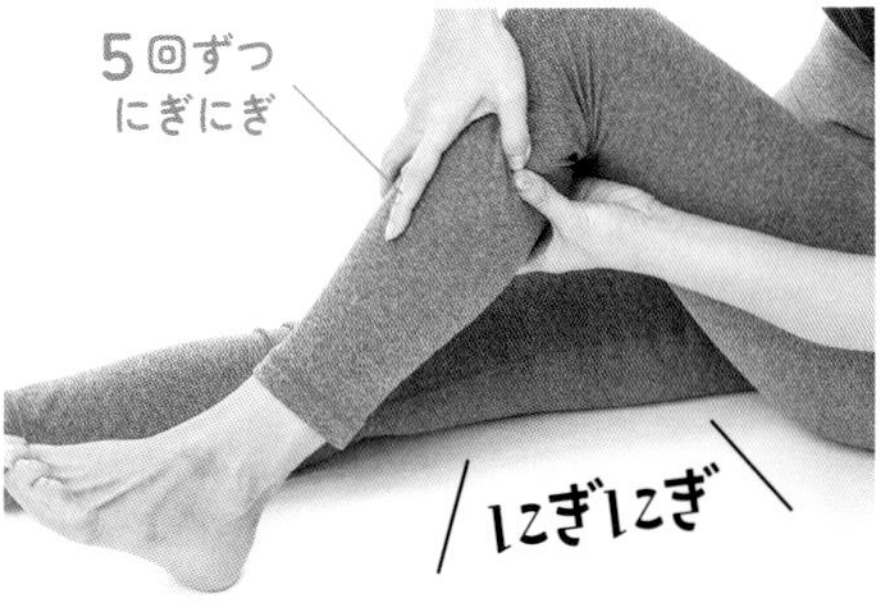

5回ずつ
にぎにぎ
にぎにぎ

始点から1か所ごとにギュッとにぎって左右に5回ずつ動かす。反対の脚も同様に行う。

MOVE

ギュッと
にぎったまま
つま先を
左右に各15回
かかとは固定

両手でリバランス部位をギュッとにぎった状態で、つま先を左右に15回ほど振る。これで足首の動きがスムーズに。

前すね ぐりぐり

ひざ下

STEP3

つま先を上げる動きや足を内側に向ける動き、足裏のアーチの維持に働く前脛骨筋の凝りや疲れを除きます。

グッドぐりぐり

基本姿勢

リセット部位

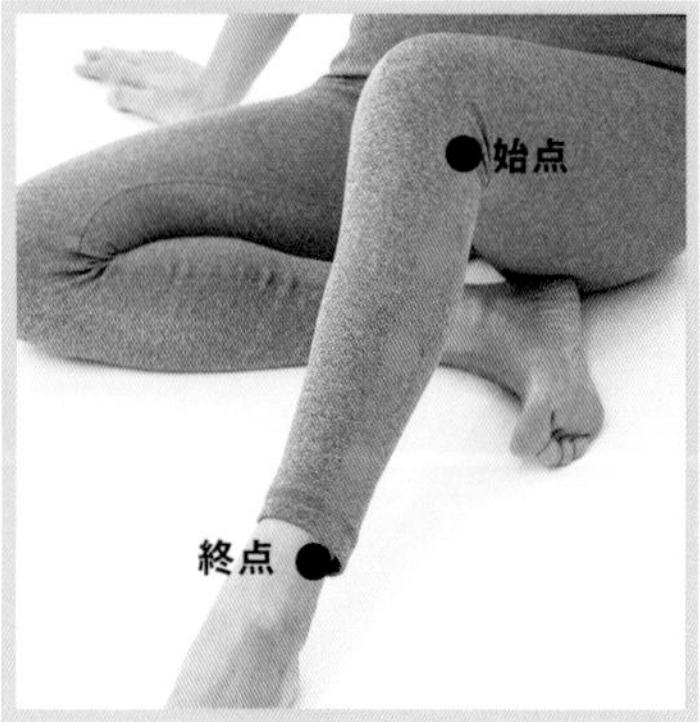
始点
終点

すねの骨（脛骨）の外側、細い骨（腓骨）との間のくぼみをくるぶしの手前まで始点から順に5か所行う。

ゆっくり呼吸
両手で
つかむように
足裏を床につける
つま先はまっすぐ前

片ひざを立てて座り、つま先はまっすぐ前に向ける。曲げた脚のすねとふくらはぎを両手でつかみ、親指をリセット部位の始点に当てる。

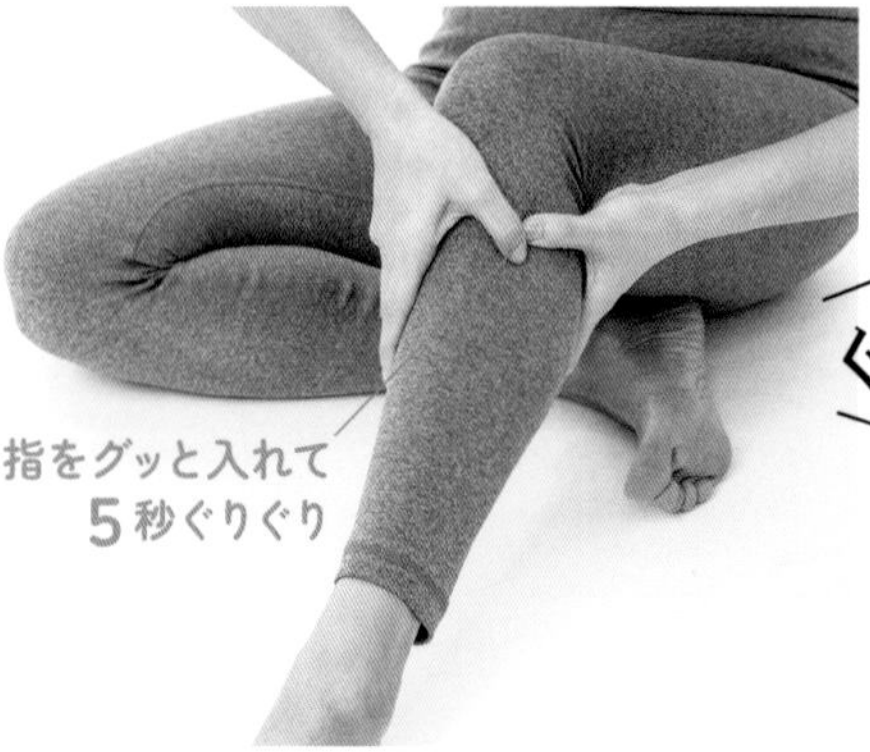
ぐりぐり
親指をグッと入れて
5秒ぐりぐり

始点から1か所ごとにグッと押し入れて5秒ぐりぐりする。反対の脚も同様に行う。

ふくらはぎにぎにぎ

ガオーにぎにぎ

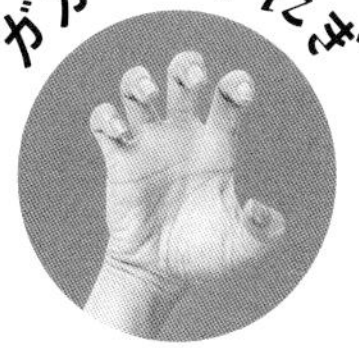

立ち上がりや歩行などの動作を支える
腓腹筋とヒラメ筋の癒着を取るように
もみほぐしてニュートラルに。

リバランス部位

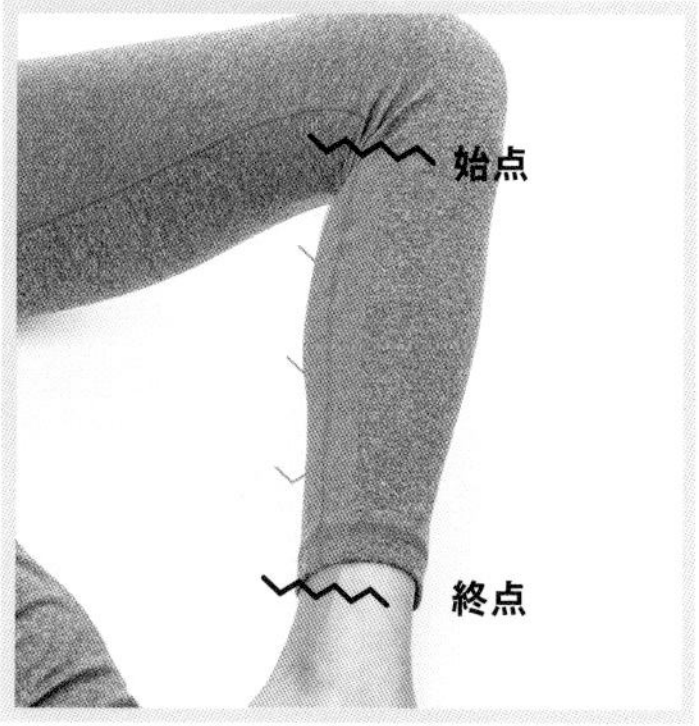
始点
終点

ひざ裏のやや下、ふくらはぎの筋肉（腓腹筋とヒラメ筋）から足首上のアキレス腱あたりまで。始点から5cm間隔で行う。

基本姿勢

ゆっくり呼吸
左右からつかむ
つま先はまっすぐ前
足裏を床につける

片ひざを立てて座り、つま先はまっすぐ前に向ける。両親指がリバランス部位の中心に当たるようにつかむ。

MOVE

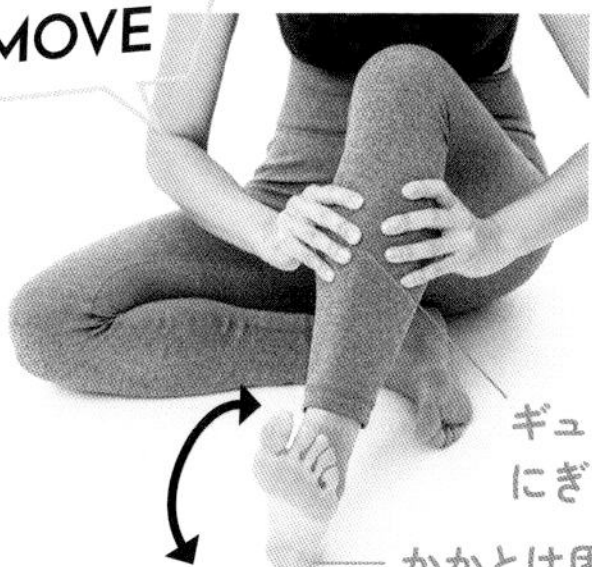
ギュッと
にぎったまま
かかとは固定
つま先を
5回ずつ上げ下げ

両手でリバランス部位をギュッとにぎった状態で、つま先を5回ずつ上げ下げする。

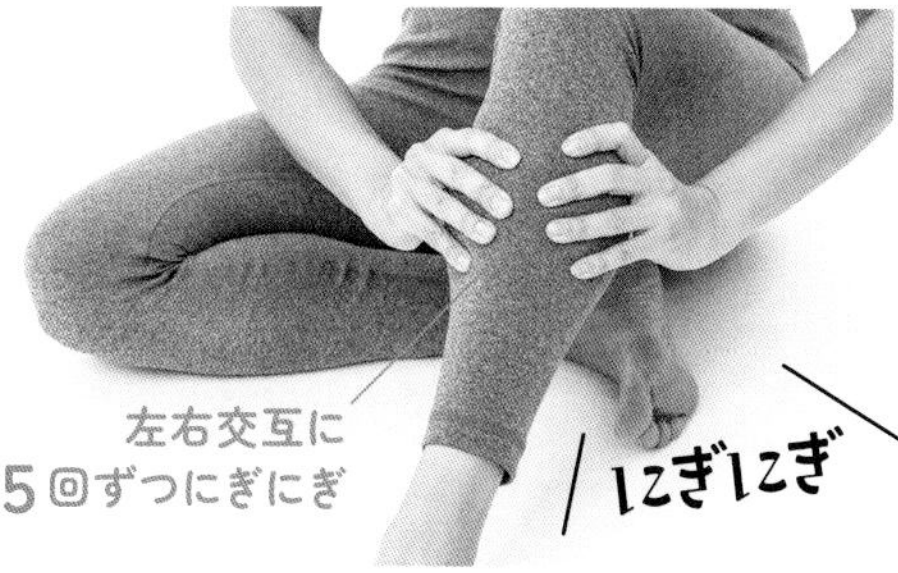
左右交互に
5回ずつにぎにぎ
にぎにぎ

始点から1か所ごとに左右の手を交互に5回にぎにぎする。反対の脚も同様に行う。両手でギュッとにぎってもOK。

ひざ下

ひざ裏 ぐりぐり&にぎにぎ

STEP 4

ひざを曲げたりすねの内旋に作用する膝窩筋は、1つで働く特殊な筋肉。ぐりにぎを一緒に行って集中ケア。

グッドぐりぐり

ガオーにぎにぎ

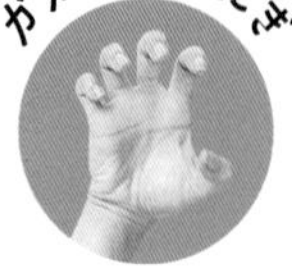

基本姿勢

リセット&リバランス部位

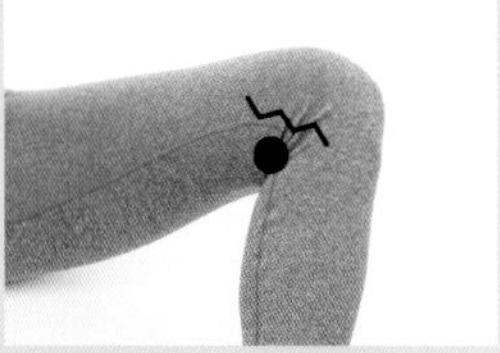

ひざ裏を斜めに通る膝窩筋を集中的にほぐす。

片ひざを立てて座り、つま先はまっすぐ前に向ける。曲げた脚のひざを両手でつかみ、リセット&リバランス部位に両親指を当てる。

ゆっくり呼吸

MOVE

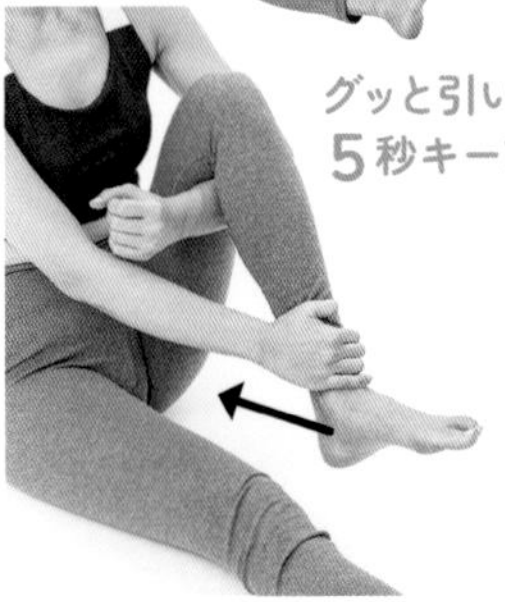

グッと引いて
5秒キープ

ひざに腕を通して持ち上げ、反対の手で足首を持つ。手前にグッと引き寄せて5秒キープする。反対の脚も同様に行う。

にぎにぎ

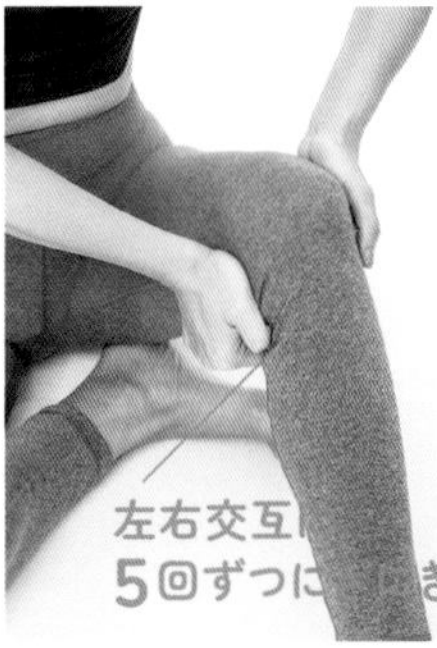

ひざの裏側を両脇の上から両手でつかみ、左右の手を交互に5回ずつにぎにぎする。反対の脚も同様に行う。

ぐりぐり

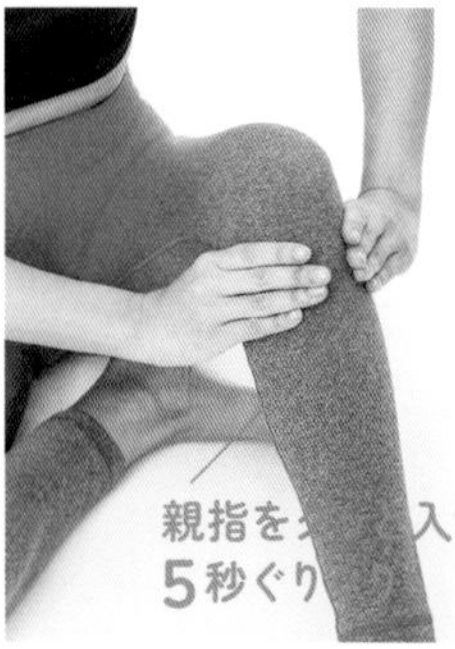

リセット部位に親指をグッと押し入れて5秒ぐりぐりする。反対の脚も同様に行う。

動画を
CHECK!

ひざ上
を整える

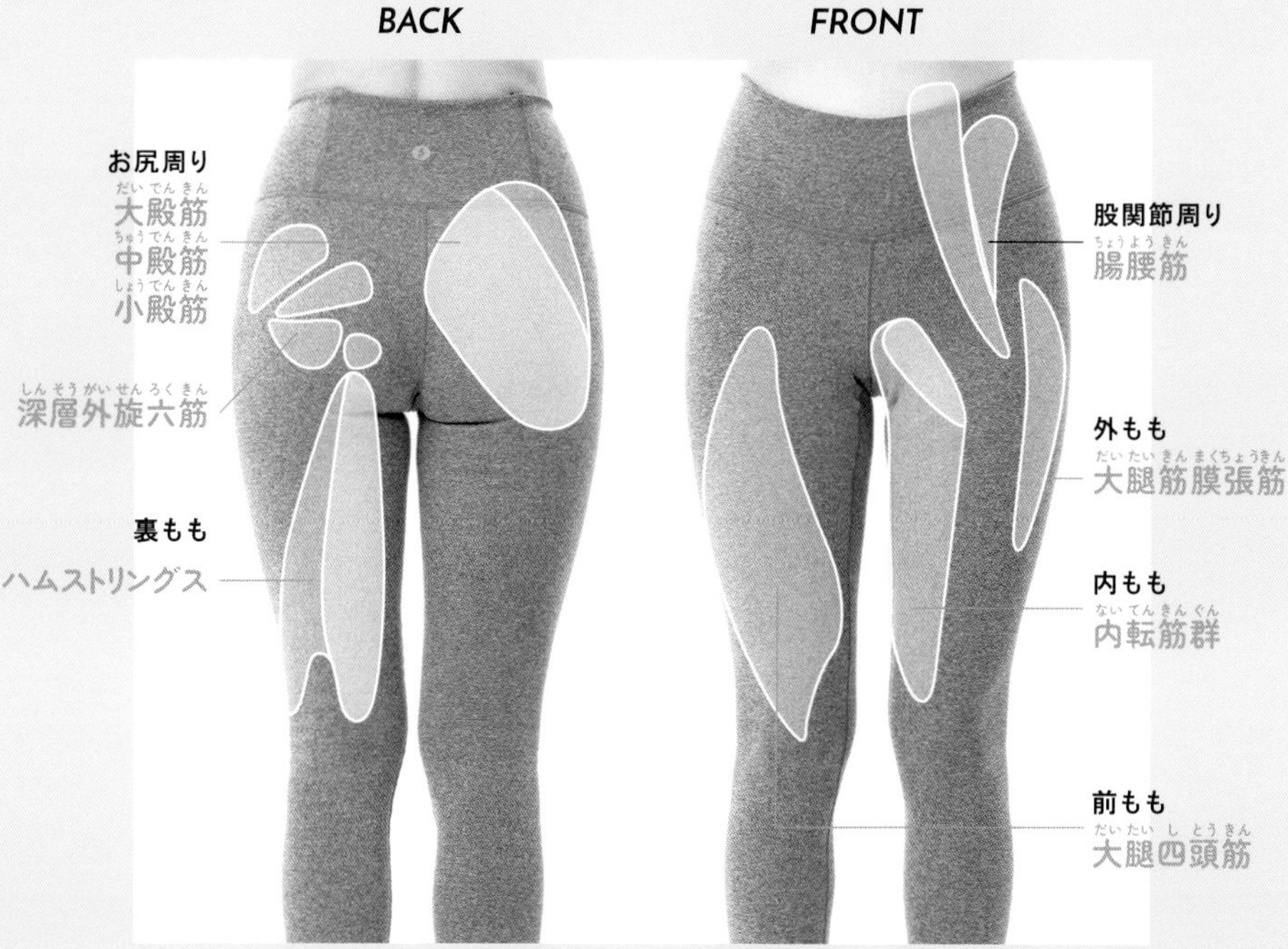
BACK
FRONT
お尻周り
大《だい》殿《でん》筋《きん》
中《ちゅう》殿《でん》筋《きん》
小《しょう》殿《でん》筋《きん》
深《しん》層《そう》外《がい》旋《せん》六《ろく》筋《きん》
裏もも
ハムストリングス
股関節周り
腸《ちょう》腰《よう》筋《きん》
外もも
大《だい》腿《たい》筋《きん》膜《まく》張《ちょう》筋《きん》
内もも
内《ない》転《てん》筋《きん》群《ぐん》
前もも
大《だい》腿《たい》四《し》頭《とう》筋《きん》

（ ひざ上プログラム ）

STEP1
前ももぐりぐり
裏ももにぎにぎ

←

STEP2
外ももぐりぐり
内ももにぎにぎ

←

STEP3
お尻周りぐりぐり
股関節周りにぎにぎ
+MOVE

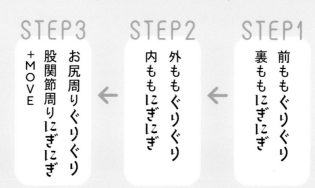

前もも ひざ上 ぐりぐり

STEP1

前ももの大腿四頭筋は下半身の運動にほぼ関わるためかたくなりがち。ぐりぐりでしっかりほぐして張りをオフ。

すりこぎぐりぐり

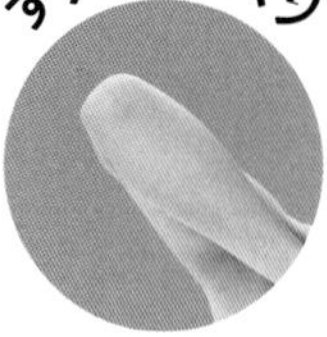

基本姿勢

ゆっくり呼吸
反対の手で固定する
ひじを当てる
伸ばしてやや外側に倒す

片脚を伸ばして座り、つま先をやや外側に倒す。片腕を曲げ、リセット部位の始点にひじを当てる。

リセット部位

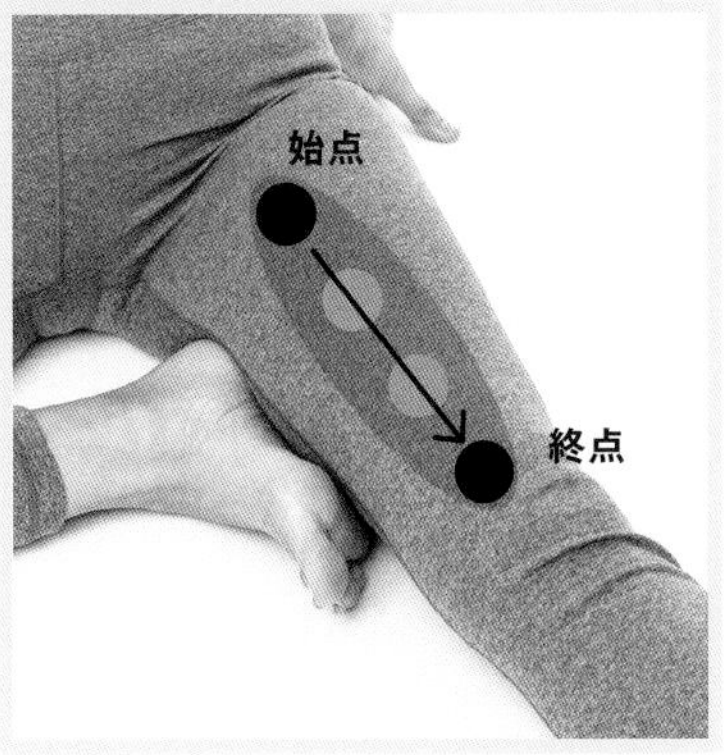
始点
終点

太もものやや内側の付け根からひざの上まで。縦に走る大腿四頭筋の筋肉と筋肉の境目をほぐすように4か所くらいを順に行う。

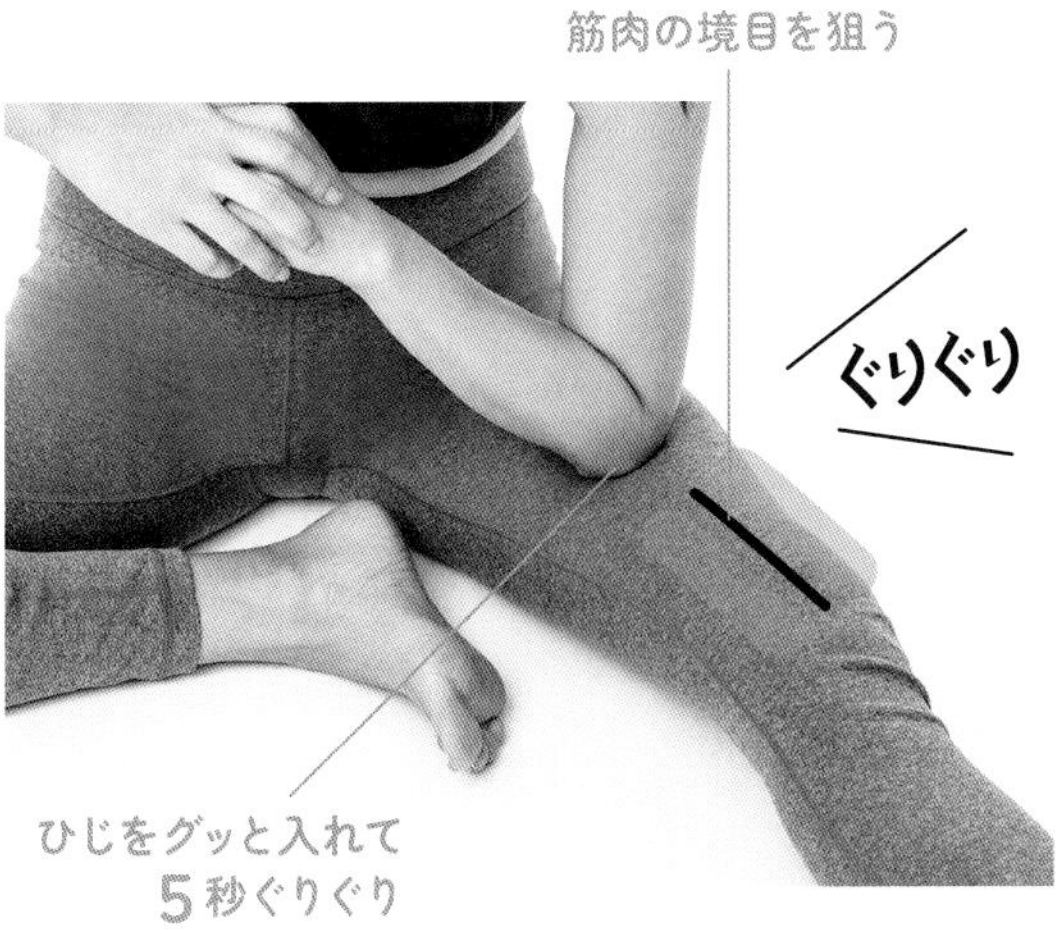
筋肉の境目を狙う
ぐりぐり
ひじをグッと入れて
5秒ぐりぐり

始点から1か所ごとにグッと押して5秒ぐりぐりする。反対の脚も同様に行う。

ARRANGE

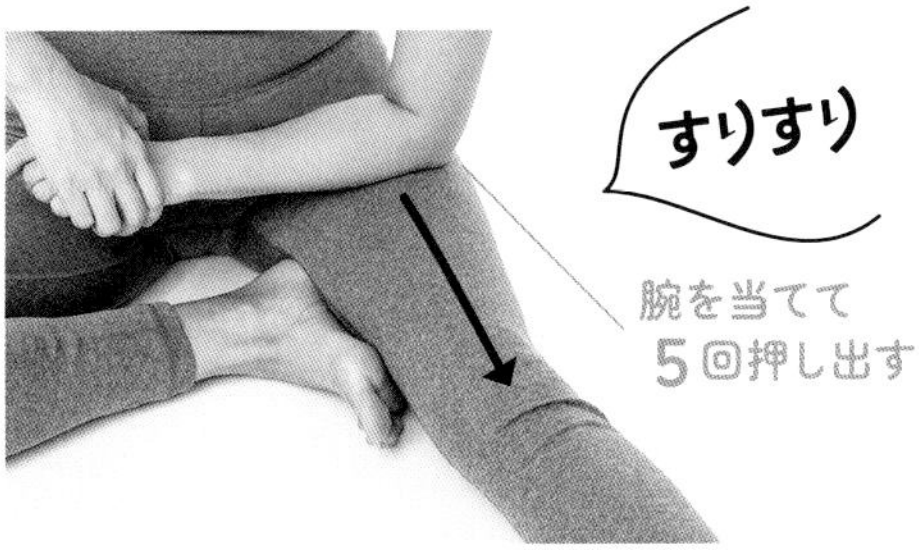
すりすり
腕を当てて
5回押し出す

ひじ下をリセット部位の始点に当て、体重をのせながら終点まで押し出すようにさする。5回繰り返し、反対の脚も同様に行う。

裏もも にぎにぎ

ひざ上

STEP1

ガオーにぎにぎ

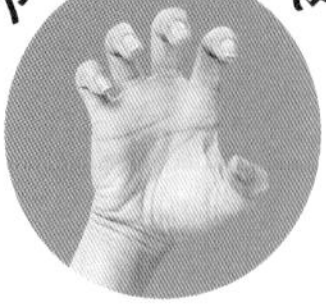

股関節とひざ関節を支え、動きをスムーズにするハムストリングス。弱化しやすい部位なので柔軟に整えます。

基本姿勢

ゆっくり呼吸
左右からつかむ
骨盤を立てる
つま先は
まっすぐ前
足裏を床につける

片ひざを立てて座り、つま先はまっすぐ前に向ける。リバランス部位を左右から両手の5本指でつかむ。

リバランス部位

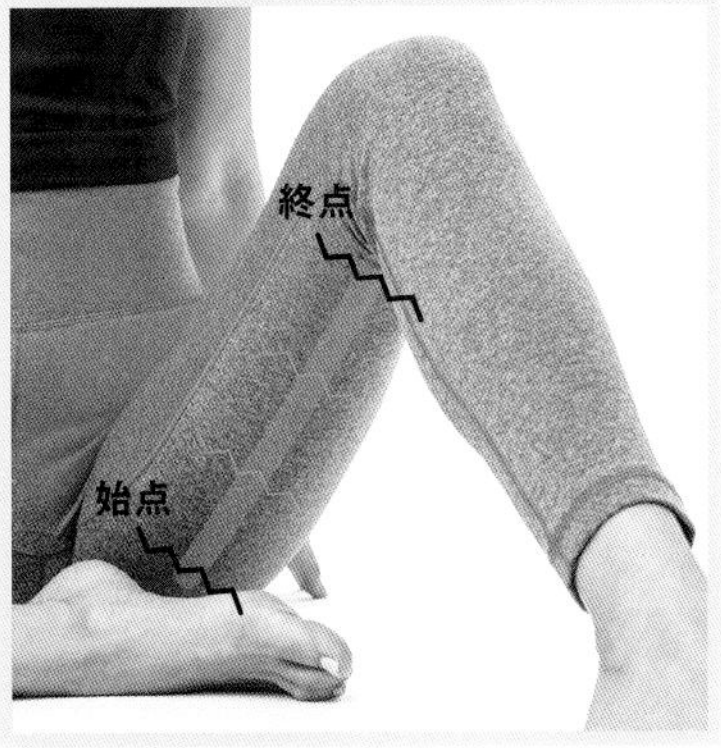
終点
始点

お尻の付け根からひざ裏まで走るハムストリングス（半腱様筋、半膜様筋、大腿二頭筋の3つの筋肉の総称）を始点から順に4か所くらいを行う。

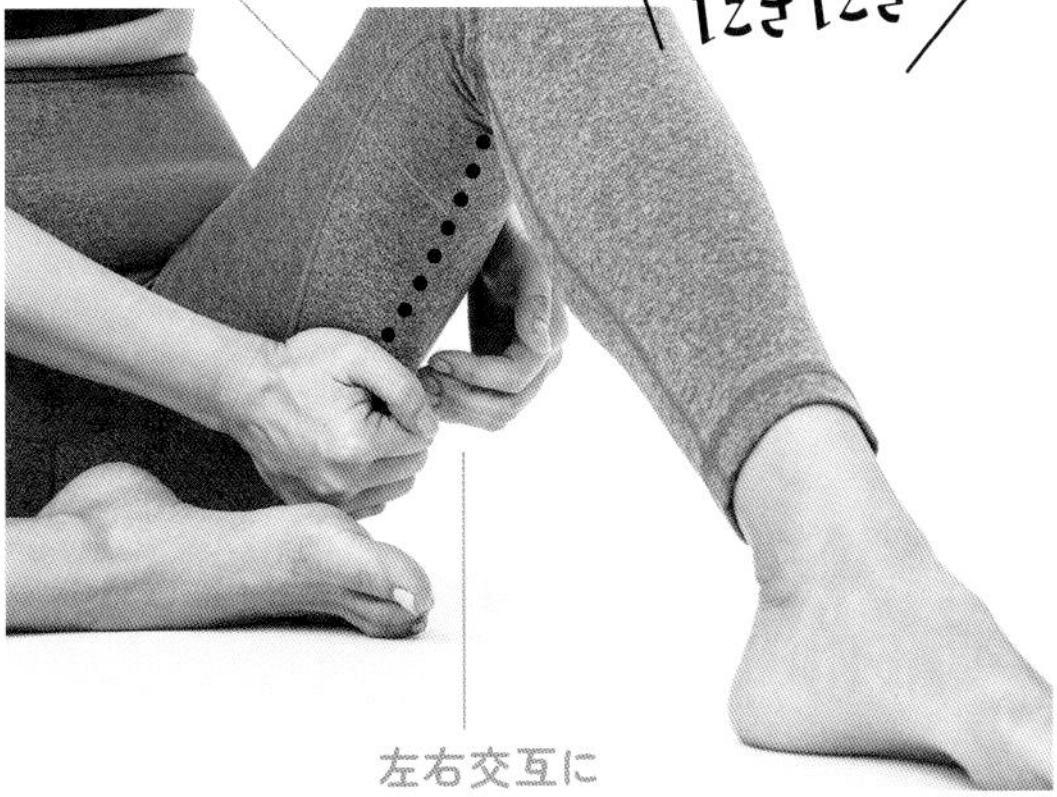
真ん中をさくように
指を入れてにぎる
にぎにぎ
左右交互に
5回ずつにぎにぎ

始点から1か所ごとに左右を交互に5回ずつにぎにぎしてから、両手でギュッとにぎる。反対の脚も同様に行う。

ぎゅ〜
左右一緒ににぎる

外もも ぐりぐり

ひざ上

STEP 2

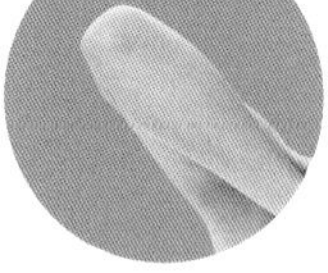
すりこぎぐりぐり

股関節の屈曲、外転、内転などに働く大腿筋膜張筋をほぐします。張りやすい部位なのでひじで強めに行って。

基本姿勢

ゆっくり呼吸
反対の手で腕を固定
ひじを当てる
お尻は床につける
反対の足でひざを固定
ひざが浮かないように

横座りになり、外ももが上になっている側の脚のひざに、反対の足裏をつける。腕を曲げてリセット部位の始点にひじを当てる。

リセット部位

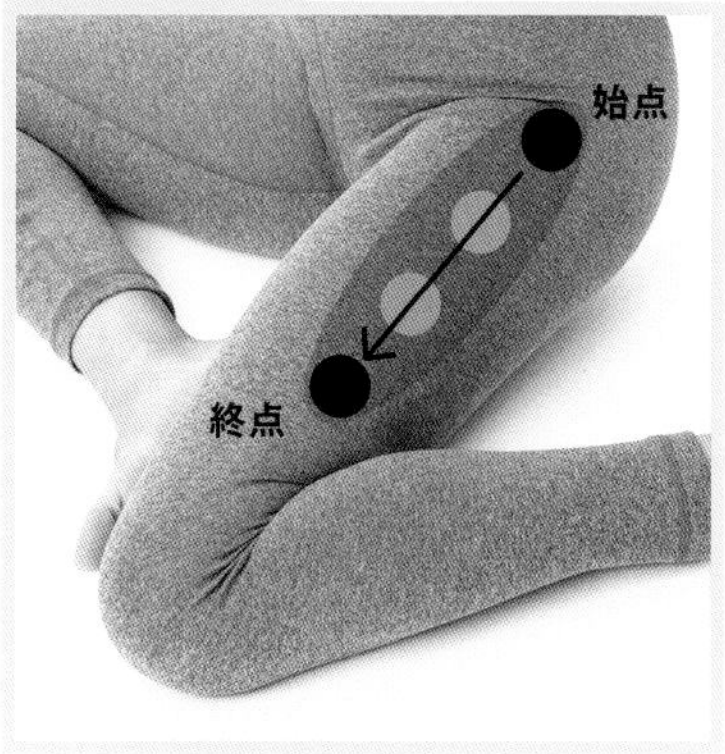
始点
終点

太ももの外側を走る筋肉（大腿筋膜張筋）を、太ももの付け根からまんなか過ぎあたりまで、5cm間隔で行う。

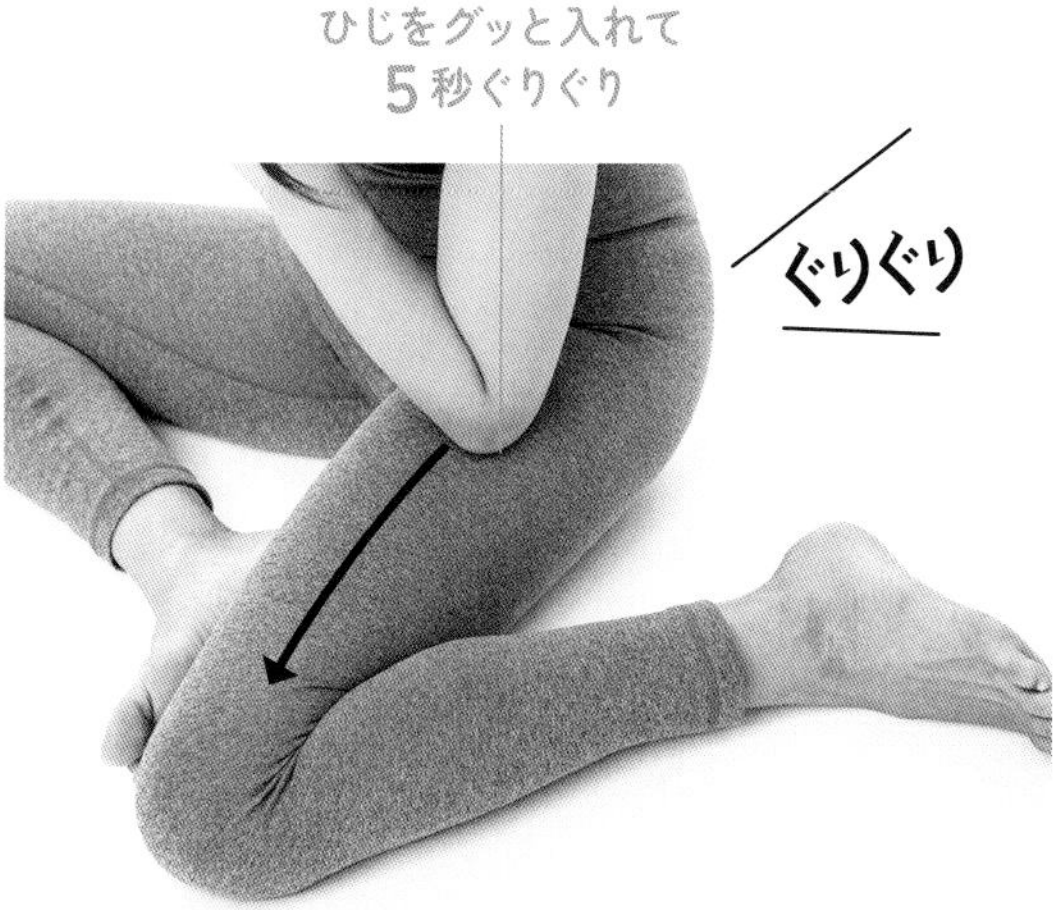
ひじをグッと入れて
5秒ぐりぐり
ぐりぐり

始点から1か所ごとに体重をのせて5秒ぐりぐりする。反対の脚も同様に行う。

ARRANGE

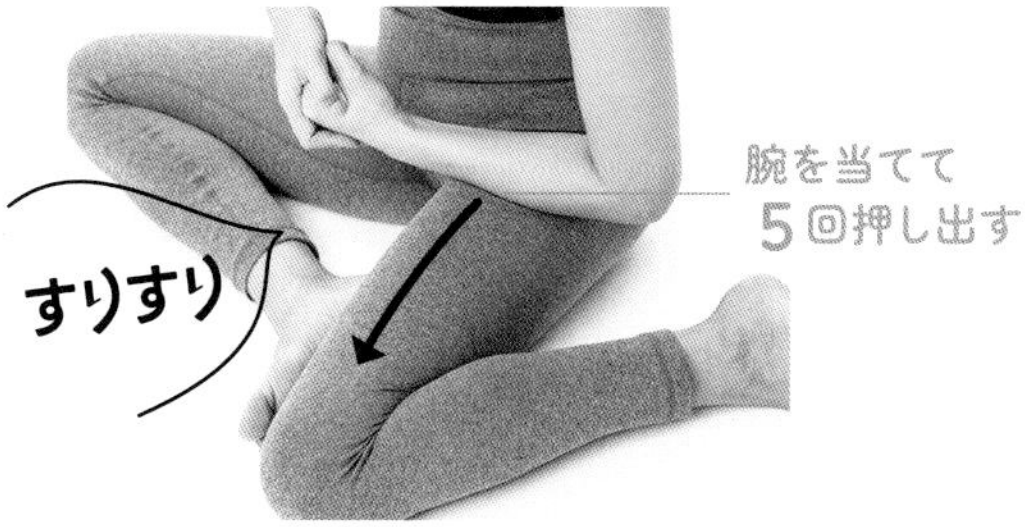
すりすり
腕を当てて
5回押し出す

ひじ下をリセット部位の始点に当て、体重をのせながら終点まで押し出すようにさする。5回繰り返し、反対の脚も同様に行う。

STEP2

内ももにぎにぎ ひざ上

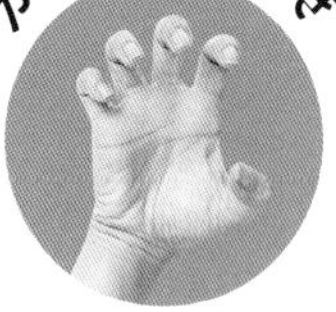
ガオーにぎにぎ

日常生活で出番が少ない内転筋群はたるみがち。ここが弱化すると太もものねじれが強くなるので動かします。

基本姿勢

ゆっくり呼吸
やや外側に倒す
骨盤を立てる
親指を上にして両手でつかむ
お尻がズレないように
まっすぐ伸ばす

片ひざを立てて座り、ひざをやや外側に倒す。両親指を上にしてリバランス部位の始点をギュッとつかむ。

リバランス部位

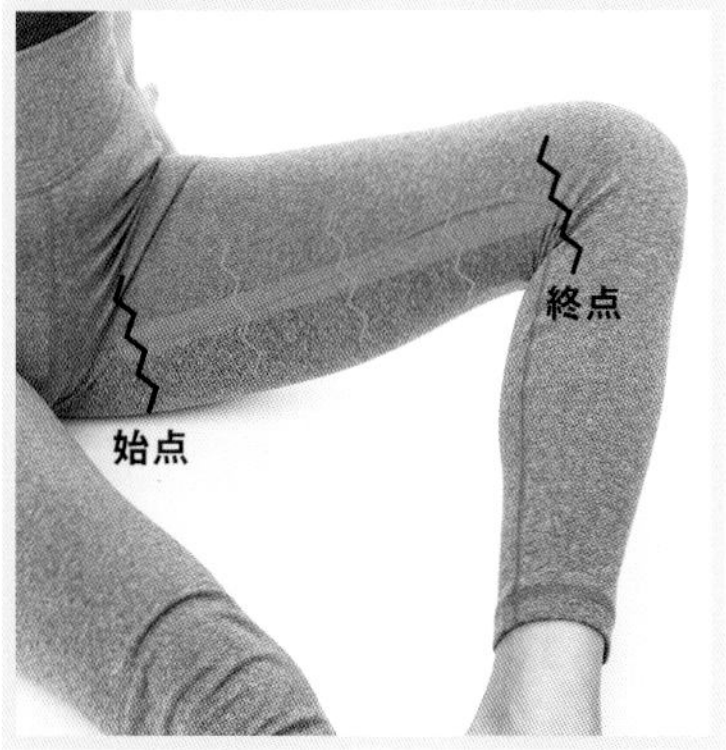
終点
始点

内ももの付け根から内ひざの上まで。縦に走る筋肉（内転筋群）の5か所くらいを順に行う。

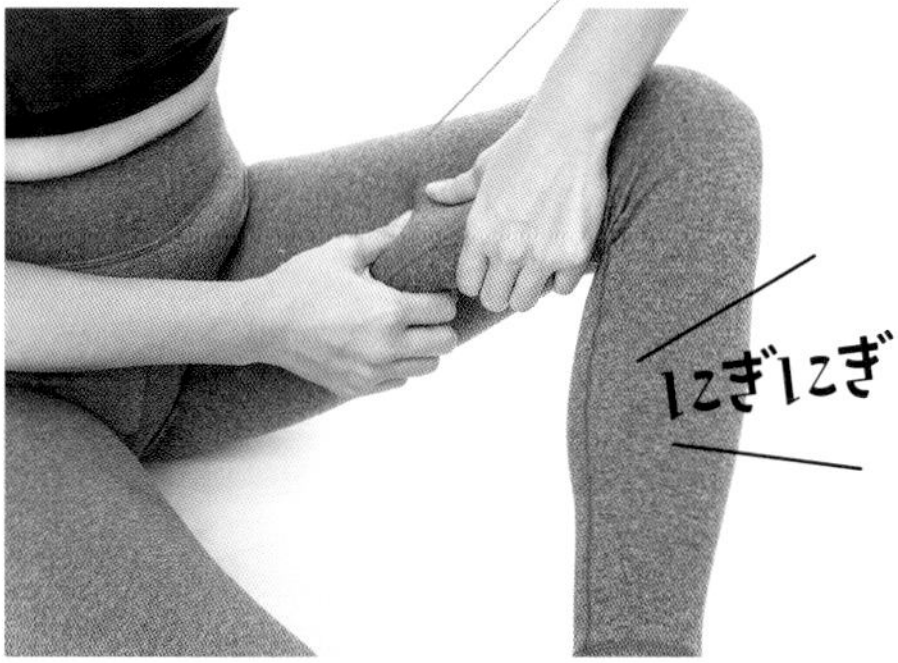
5回ずつにぎにぎ
にぎにぎ

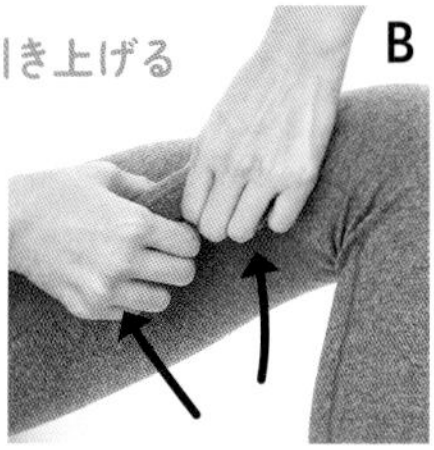
引き上げる
B

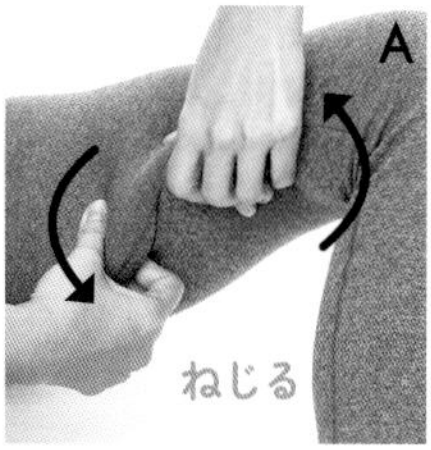
A
ねじる

始点から1か所ごとに5回ずつにぎにぎする。1回行ったら、A［にぎってから左右の手を上下にズラしてねじる］、B［にぎったまま上に引き上げる］も加え、数種を組み合わせて行うとより効果的。

MOVE

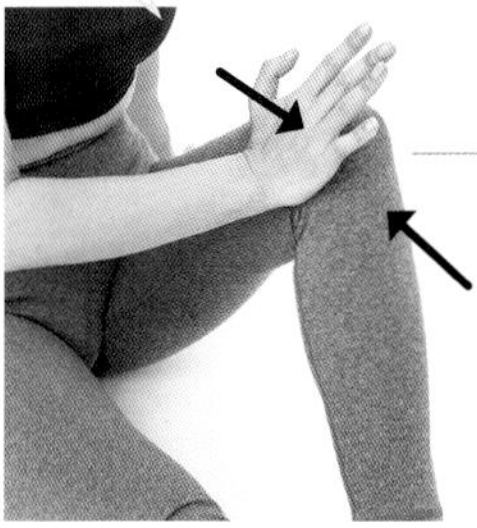
押し合う

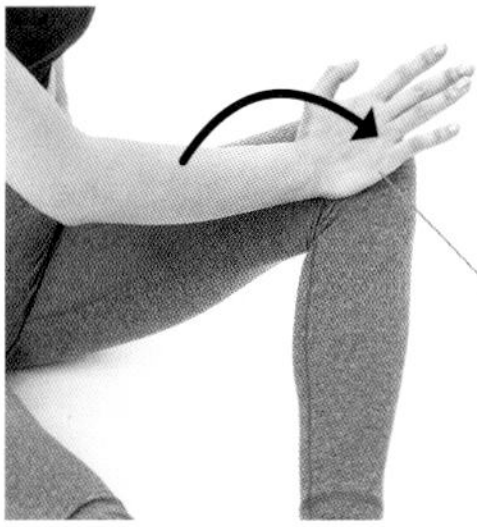
ゆっくり
5回
押し倒す

立てたひざに反対の手を当て、ひざに力を入れながら押し倒す、戻すを5回繰り返す。反対の脚も同様に行う。

お尻周りぐりぐり

ひざ上

STEP3

グーぐりぐり

表面の大きな筋肉と深層部の筋肉を一緒にぐりぐり。うまく機能していないと凝りかたまってしまうので念入りに。

基本姿勢

ひざを
こぶし1個分
開く
つま先は
まっすぐ前
ゆっくり呼吸
肩甲骨をつける
足裏を
床につける
グーの手で
手の甲を上にして挟む

あお向けになり、ひざの下にかかとがくるように両ひざを曲げる。こぶしを作り、手の甲側がリセット部位に当たるようにお尻の下に入れる。

リセット部位

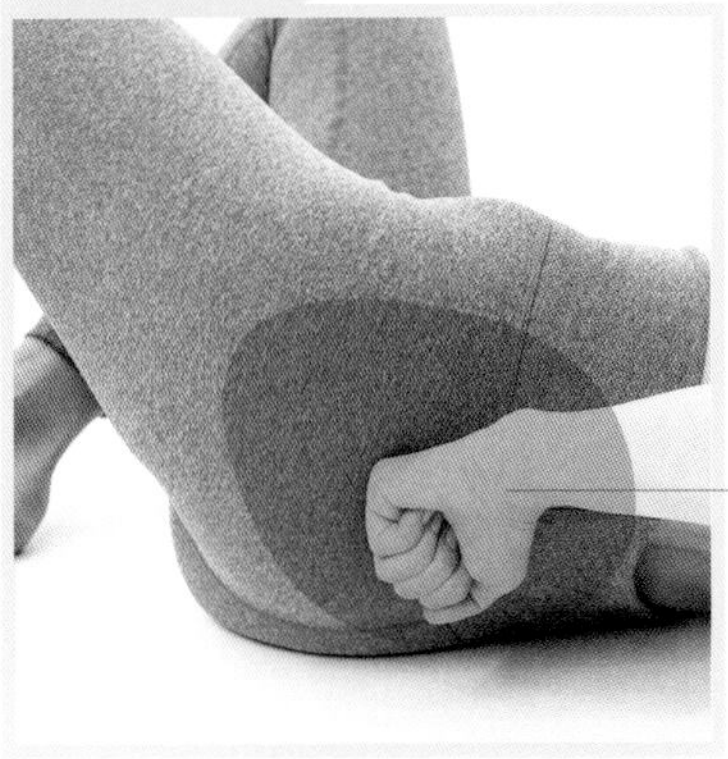
こぶしを当てるのは
ココ！

お尻の大きな筋肉（大殿筋、中殿筋、小殿筋）、深層部の深層外旋六筋をほぐす。

こぶしがリセット部位の中心に当たるようにお尻をのせ、お尻を押し当てるように動かしてぐりぐりする。ひざを軽く動かすとよい。

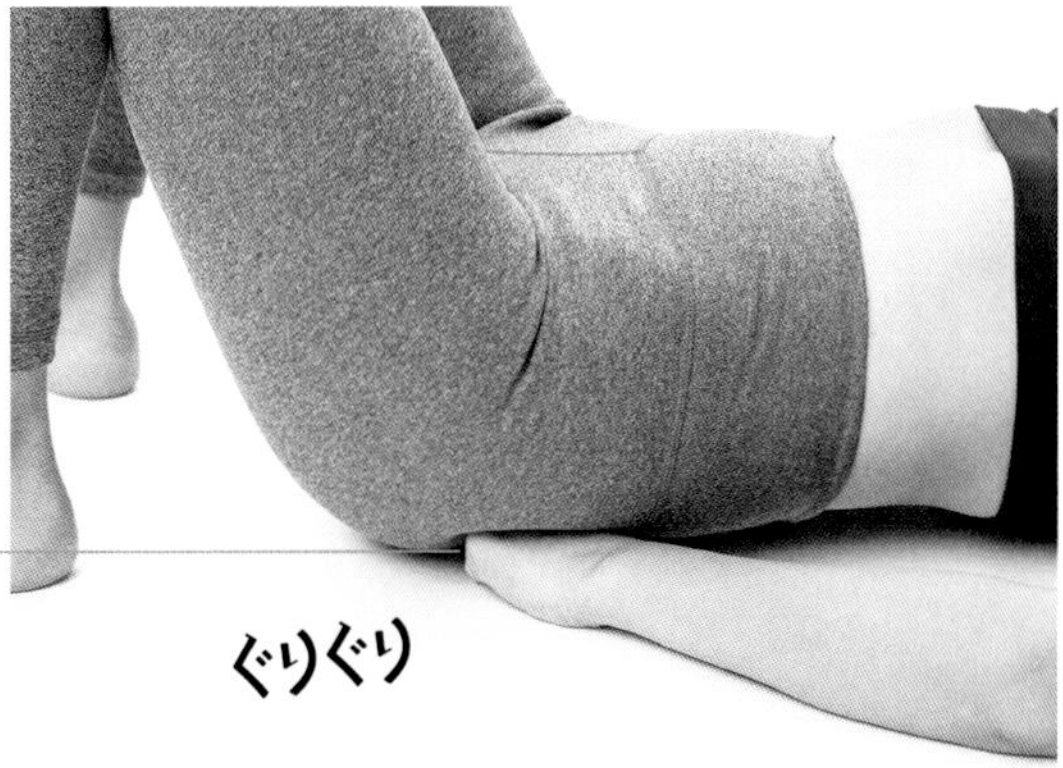
お尻を押し当て
10秒ぐりぐり
ぐりぐり

ARRANGE

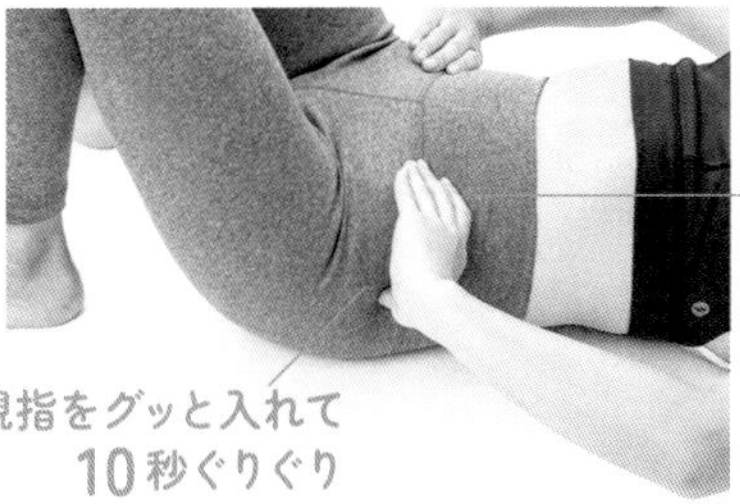
腰骨をつかむ
親指をグッと入れて
10秒ぐりぐり

腰骨をつかみ、親指をお尻の側面に当てる。グッと押し入れて10秒ぐりぐりする。

股関節周り ひざ上 にぎにぎ

STEP3

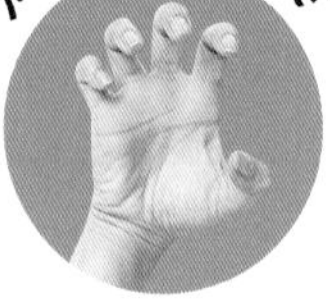
ガオーにぎにぎ

お尻の筋肉と連動して股関節の動きをサポートする腸腰筋。MOVEをプラスしてしっかり動かします。

基本姿勢

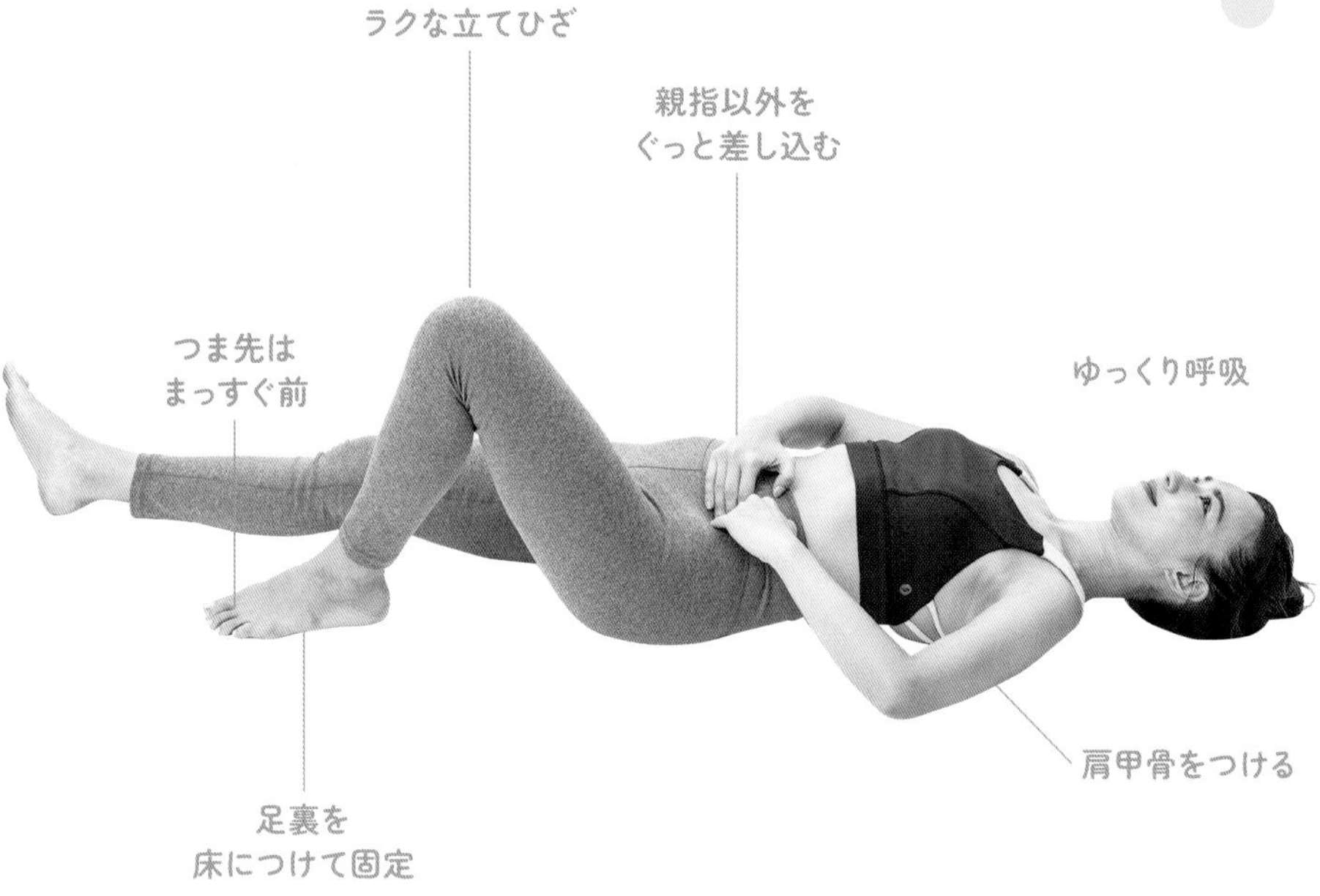
ラクな立てひざ
親指以外を
ぐっと差し込む
つま先は
まっすぐ前
ゆっくり呼吸
肩甲骨をつける
足裏を
床につけて固定

あお向けになり、片ひざを立てる。曲げたひざ側のリバランス部位に両手の4本指を当てる。

リバランス部位

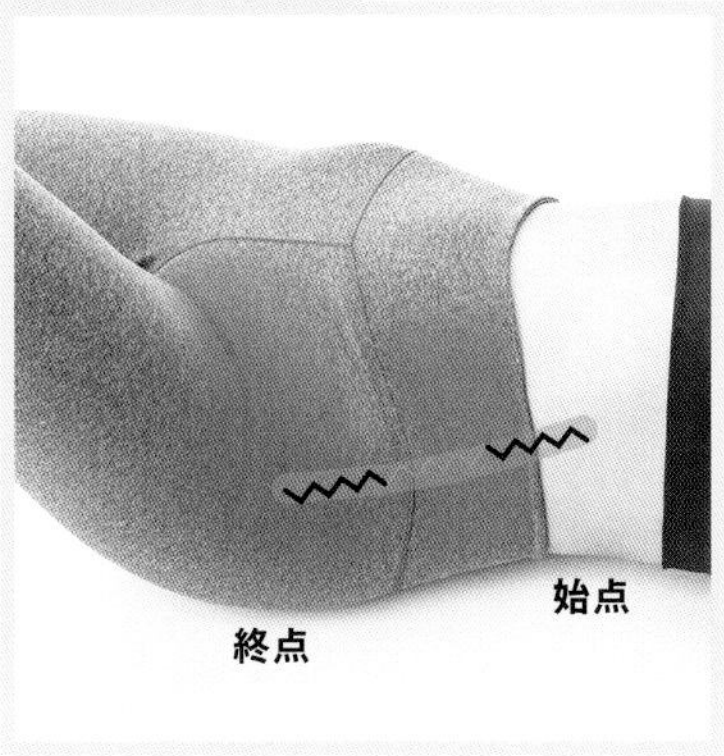

腰骨の上の筋肉（横腹から股関節につながる腸腰筋と骨盤周りの腸骨筋が重なる部分）を始点から順ににぎってほぐす。

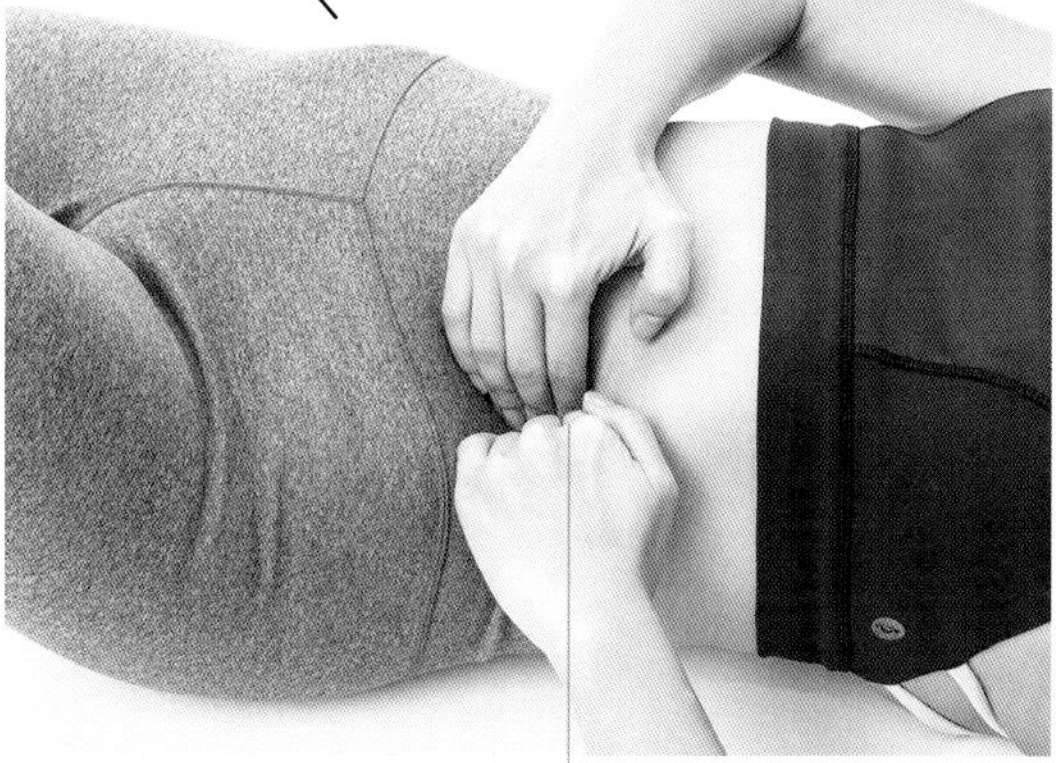

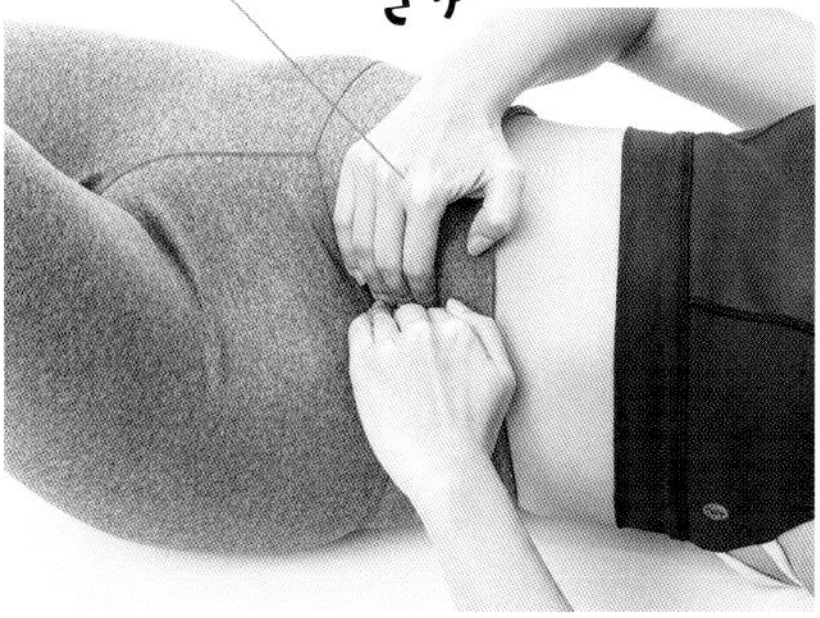

両手の4本の指をグッと押し入れ、始点から1か所ごとに左右交互に5回ずつにぎにぎしてから、両手でギュッとにぎる。反対の側も同様に行う。

MOVE 1

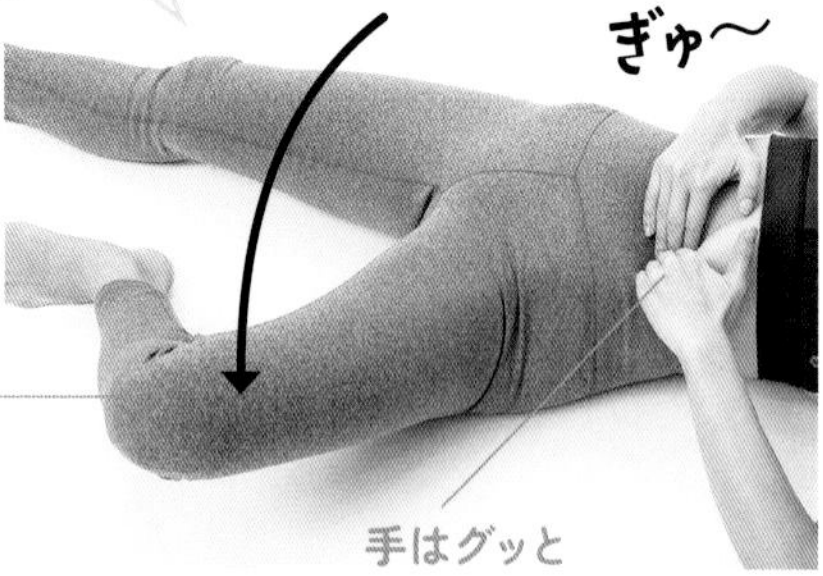
ぎゅ〜
ゆっくり外側に倒す
手はグッと
入れたまま

ゆっくり戻す
手はグッと
入れたまま

両手でリバランス部位をギュッとにぎった状態で、息を吐きながらひざを外側に倒して戻すを左右5回ずつ行う。

MOVE 2

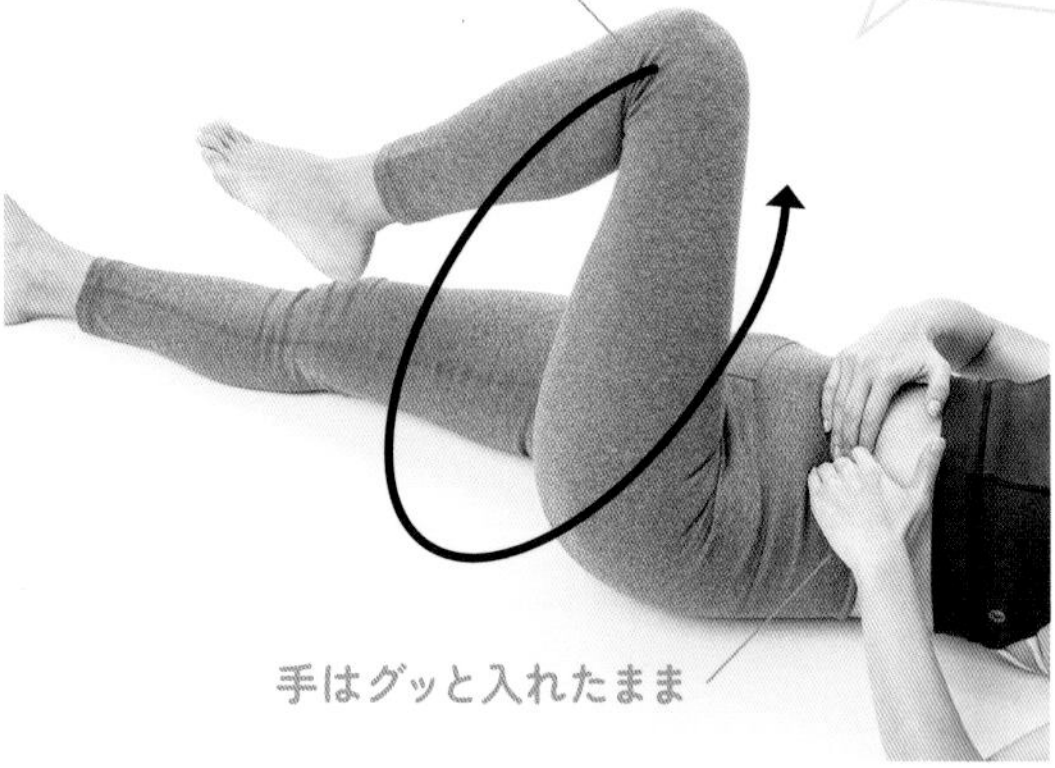
ひざを大きく
回す
手はグッと入れたまま

両手でリバランス部位をギュッとにぎった状態で、ひざを大きく回す。右回り、左回りを5回ずつ行い、反対の脚も同様に行う。

CHAPTER 3

美脚を維持する お尻マオビクス ピラティス

ねじれのないまっすぐな脚を定着させる
マオビクスのお尻トレ。
さらに、悩み別をプラスして
理想の美脚を目指しましょう。

お尻の筋力アップで美脚をキープ

「美脚を目指すはずなのに、なぜお尻？」

そう疑問に思う人も多いでしょう。CHAPTER 1でお話ししたように、脚が太くなる原因は、筋肉をうまく動かせていないためにむくんでいるか、逆に動かしすぎて筋肉が張っているかのどちらか。そもそも、**この原因を作り出しているのが、お尻の筋力の低下**です。

もともと四つんばいの姿勢から起き上がり、2足歩行になった人間は、身体の形状的に脚が前にねじれやすくなっています。それを**後ろ側にねじってバランスをとる役目をするのがお尻の筋肉**。ここが弱いと、筋肉は前に引っ張られるばかりでねじれは解消されず、太ももはどんどん太くなります。さらに脚のねじれが蓄積されていくと、脚がうまく使えない状態になり、血流が滞ってさらにむくみが生じるのです。

しかし日常の動きではお尻の筋肉はほとんど使われないので、筋力をアップさせるためには、お尻に特化したトレーニングがどうしても必要になってきます。ただし、**筋肉がうまく可動しない状態でいくらトレーニングを頑張っても、効果がないどころかさらにねじれを加速させてしまう**ので、「ぐりぐり&にぎにぎ」で筋肉をほぐしてリセット&リバランスしてからトレーニングするというプロセスがとても重要です。

思いきり元気に動ける脚のために、人生においてお尻の筋トレは欠かせない！と考案したのが、ここで紹介するお尻マオビクスピラティスです。マオビクスの中からお尻に効果のあるトレーニングをピックアップしているので、理想の美脚に向かって実践してください。

お尻と脚の筋肉の関係

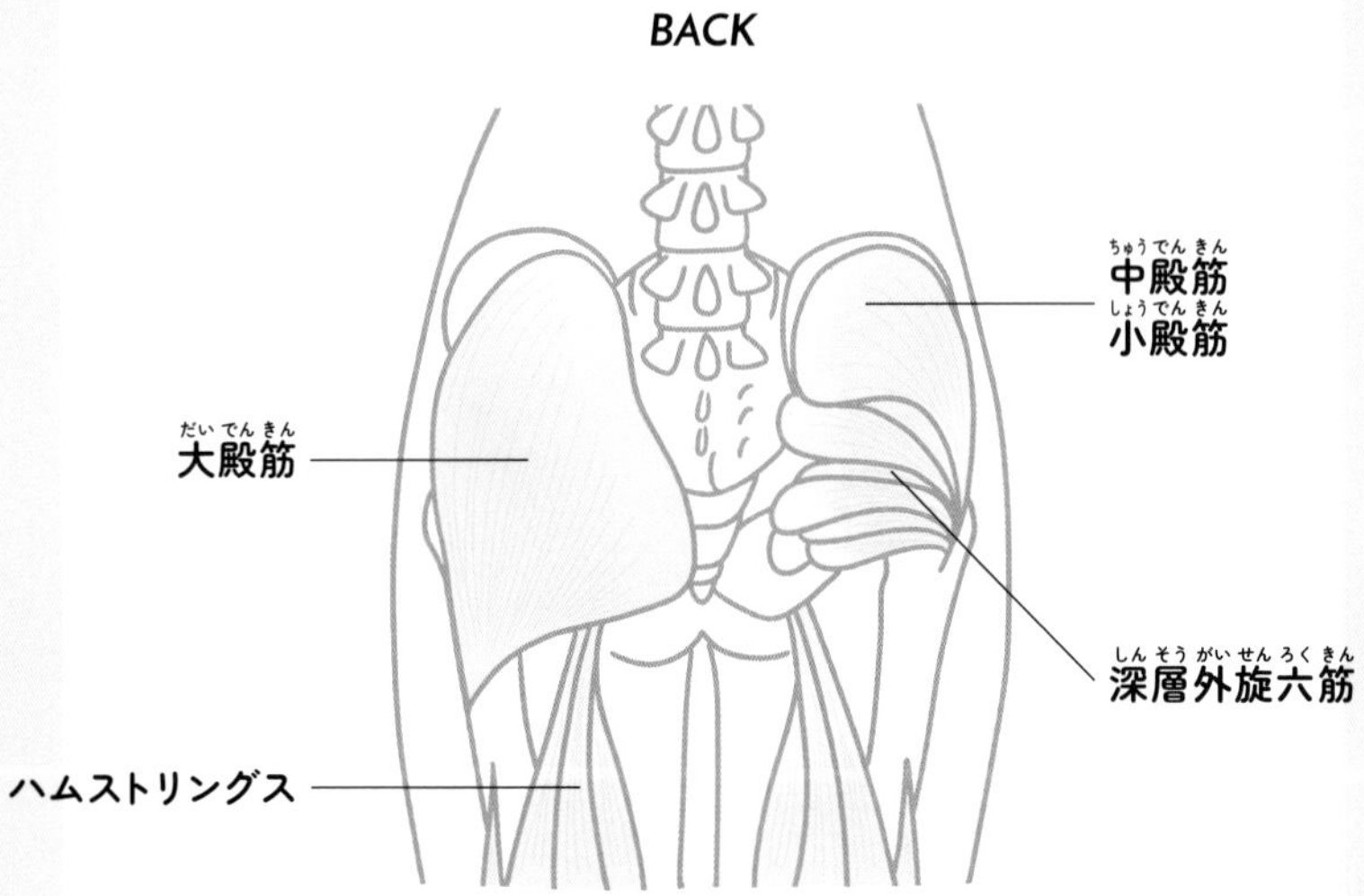
BACK
中殿筋《ちゅうでんきん》
小殿筋《しょうでんきん》
大殿筋《だいでんきん》
深層外旋六筋《しんそうがいせんろくきん》
ハムストリングス

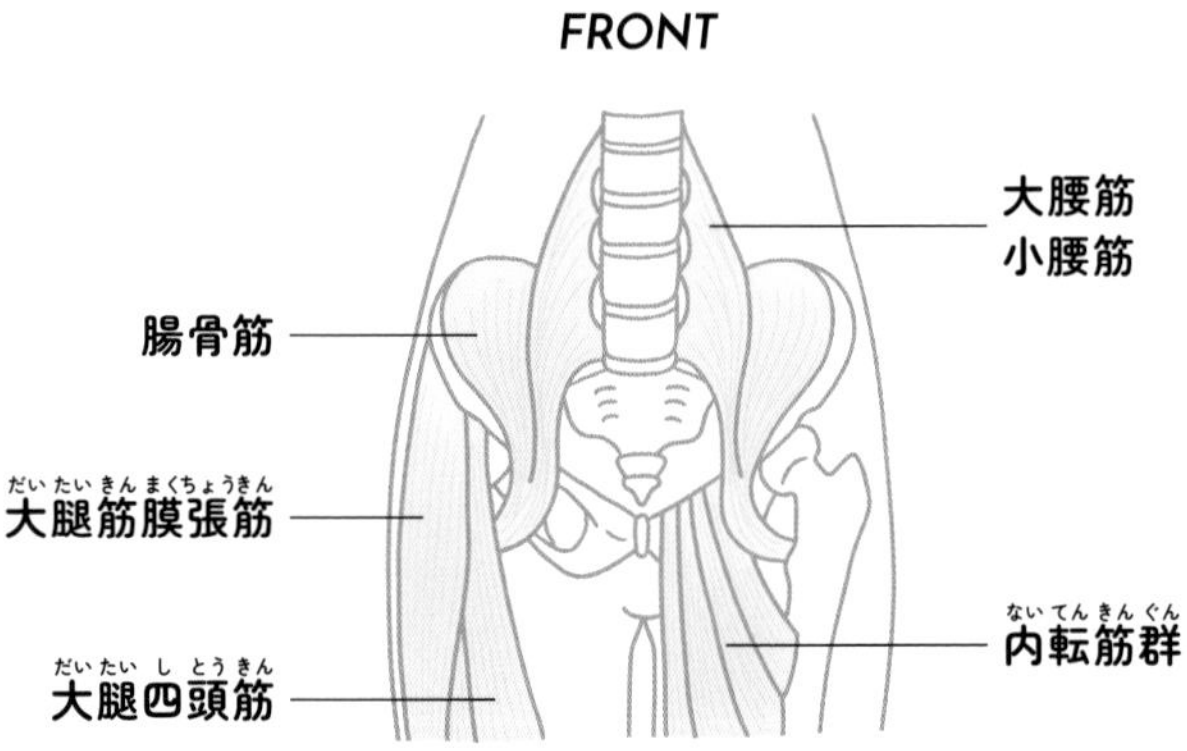
FRONT
大腰筋
小腰筋
腸骨筋
大腿筋膜張筋《だいたいきんまくちょうきん》
内転筋群《ないてんきんぐん》
大腿四頭筋《だいたいしとうきん》

お尻には脚の付け根になる股関節と骨盤を支える筋肉があり、主に股関節を前に曲げたり後ろに伸ばしたりする動きに作用する。脚の筋肉ともつながり、正常に機能することで脚が正しく動かせる。

美脚スイッチを入れる お尻マオビクス POINT

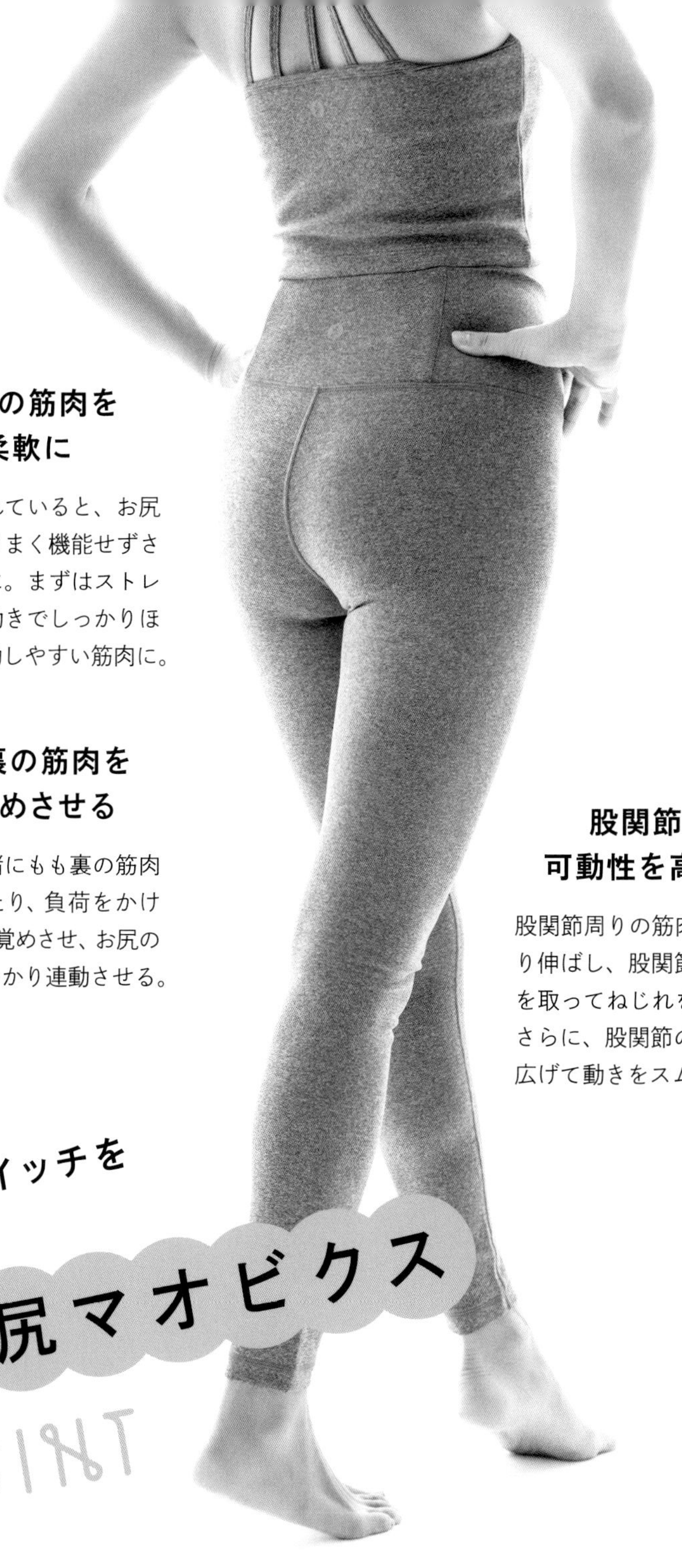

お尻の筋肉を柔軟に

脚がねじれていると、お尻の筋肉はうまく機能せずさぼりがちに。まずはストレッチ的な動きでしっかりほぐして可動しやすい筋肉に。

もも裏の筋肉を目覚めさせる

お尻と一緒にもも裏の筋肉を伸ばしたり、負荷をかけたりして目覚めさせ、お尻の筋肉としっかり連動させる。

股関節の可動性を高める

股関節周りの筋肉をじっくり伸ばし、股関節の詰まりを取ってねじれをリセット。さらに、股関節の可動域を広げて動きをスムーズに。

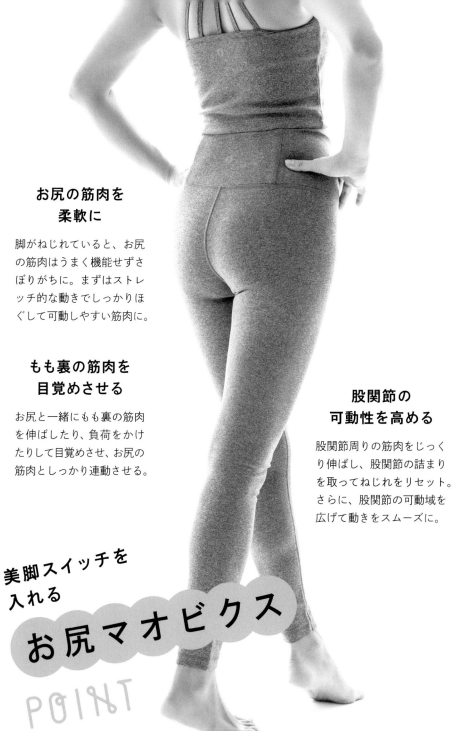

左右各 2回

下半身後ろ側の緊張をほぐす

タオルストレッチ

お尻からふくらはぎまで、背面の筋肉を同時に伸ばし、お尻の筋肉との連動性を高めていきます。

プラス!

タオルを左右交互に
引いて足を動かす

足をゆっくり内と外に動かすことで、脚のゆがみをリセットする。

▼ここに効く!

太もも裏側のハムストリングスから骨盤、股関節周りの筋肉群まで、しっかり伸ばして柔軟にする。

股関節の上に
かかと
ピンと張る
まっすぐ伸ばす
息を吸う
ひざ下は
浮かないように
肩甲骨をつける

1. あお向けになり、片足裏にタオルをかけて両手で持ち、脚が床と垂直になるように引き上げる。脚がまっすぐ上がらない場合は、反対の脚のひざを曲げてもよい。

STEP UP

左右各2回

1の姿勢からタオルを片手で持ち、脚を伸ばしたままゆっくり外側、内側へ倒し、10秒キープ。左右の動きを加えることで、股関節周りがより柔軟になる。

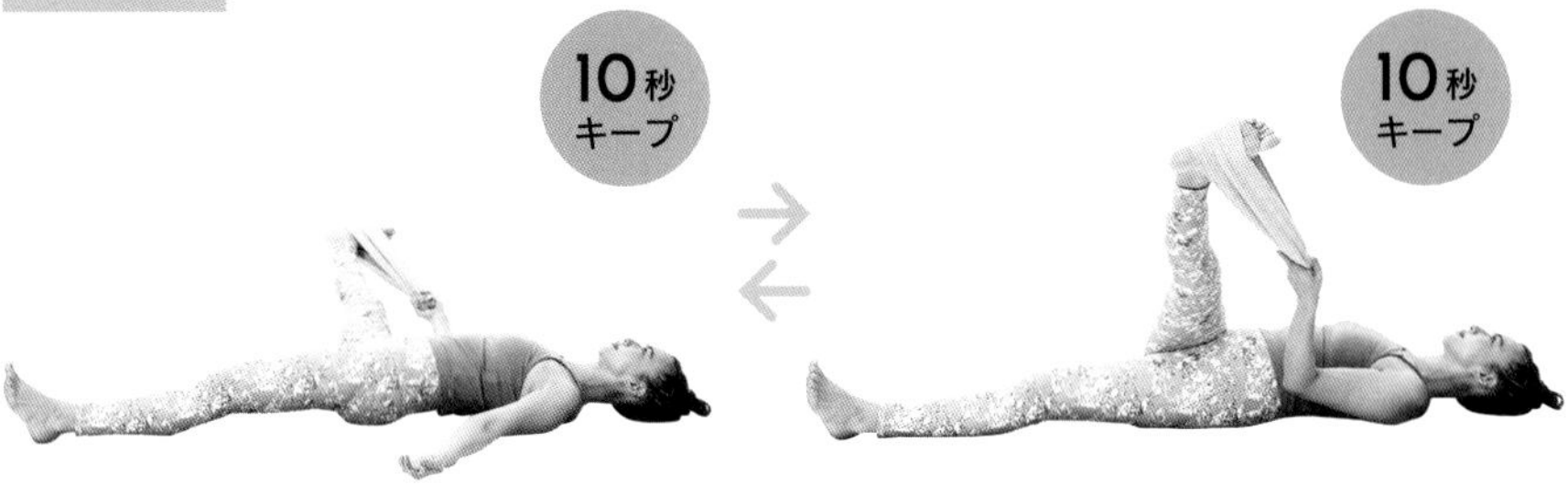
10秒
キープ
10秒
キープ

POINT

じっくり伸ばしてからゆるめることで、股関節の詰まりが解消されて可動域がアップ。さらにハムストリングスを気持ちよく伸ばせる。

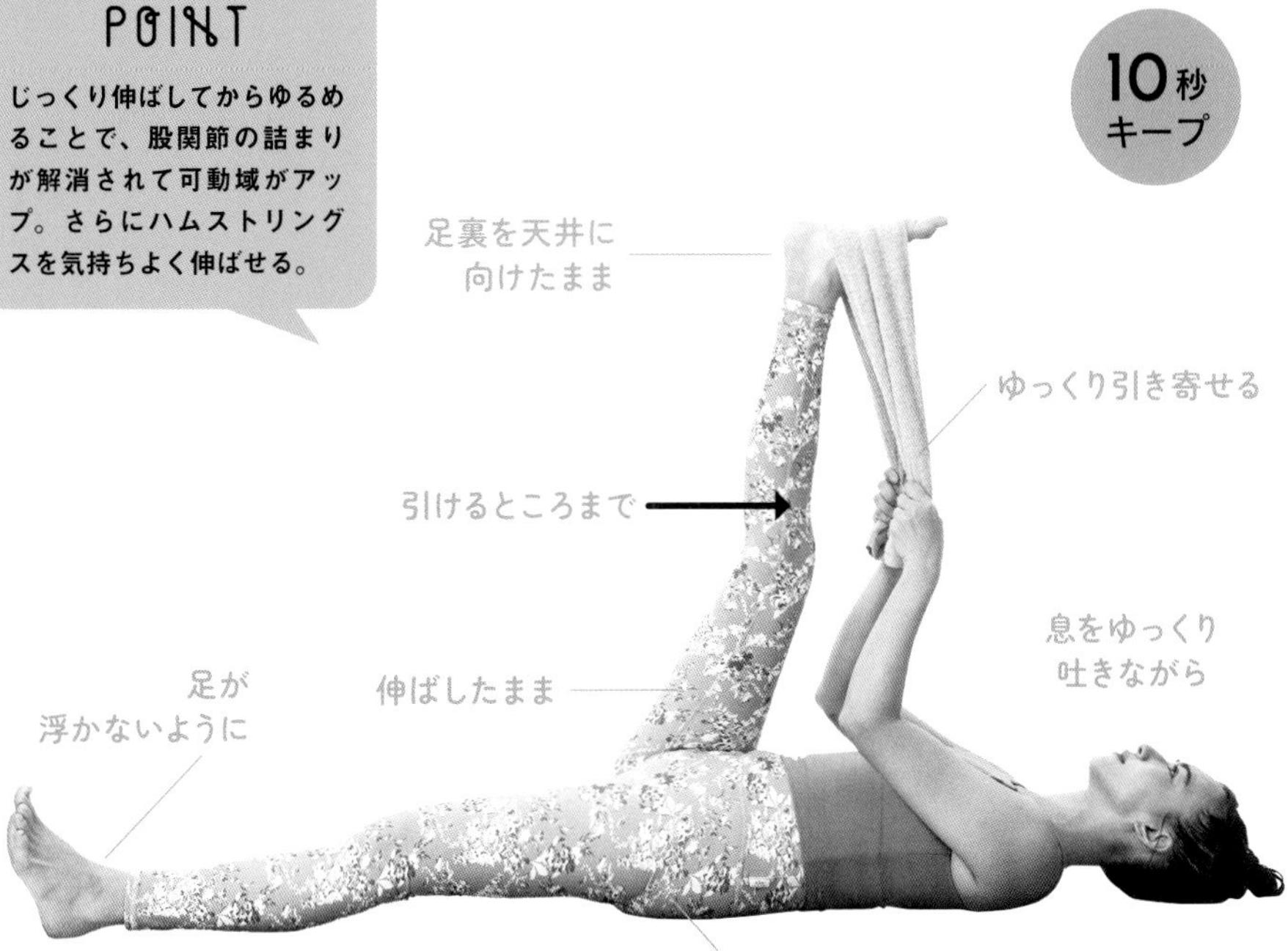
10秒
キープ
足裏を天井に
向けたまま
ゆっくり引き寄せる
引けるところまで
息をゆっくり
吐きながら
足が
浮かないように
伸ばしたまま
お尻が
浮かないように

2. 息をゆっくり吐きながら、かかとを上に突き出すようにして脚全体を伸ばし、タオルを手前に引けるところまで引いて10秒キープする。息を吐きながら1の姿勢に戻り、左右各2回行う。

カニのような横移動で股関節を柔軟に

クラブ

左右各3回

次に、左右の開脚でお尻の筋肉と股関節をさらにほぐし、日常ではあまり行わない横への動きを強化します。

▼ここに効く!
横移動の動きで股関節の横開きを柔軟にし、同時に衰えがちな内もも内転筋群を伸ばしながら筋力アップ。

息を吸う

背すじを伸ばす

ひざの内側に
手を添える

つま先は
真横に向ける

股関節の真下に
ひざを置く

ひざの位置から
足1つ分横に出す

1. ひざ立ちから片脚を外側に大きく開いて立て、ひざと足先は真横に向ける。ひざ立ち側の手は腰に当てて肩と骨盤は正面をキープし、真横に開いた脚側の手はひざの内側に添える。

POINT

横移動は、ひざからではなく反対の外ももから動かすこと。体幹を意識して重心を身体の真ん中に置くとお尻と股関節にしっかり効く。

10秒キープ

息をゆっくり
吐きながら
背骨と骨盤は
まっすぐキープ
前に倒れないように
キープ
外ももからスライド
垂直に
ズレないように

2. 息をゆっくり吐きながら、開いた脚側に踏み込むようにゆっくりとスライドし、10秒キープする。息を吐きながら1の姿勢に戻り、左右各3回行う。

お尻と骨盤のゆがみを正す

3回

スターフィッシュ

脚をクロスさせてお尻の筋肉を重点的に伸ばします。柔軟性に合わせて無理のない姿勢で行いましょう。

▼ここに効く!

大殿筋をはじめお尻の筋肉がしっかり伸び、腸腰筋にもアプローチ。骨盤周りの筋肉が整いゆがみも改善。

背すじを伸ばす
骨盤を立てる
息を吸う
足を持って固定
ひざを重ねる

1. お尻をついて座り、ひざの位置を合わせるように脚を交差させる。手で足を持ち、骨盤を立てて背骨を伸ばし、息を吸う。

脚がうまく交差できない場合は、片ひざが浮いてもOK。背すじを伸ばしてお尻が浮かないことを優先に、足の位置を調節する。

ARRANGE

この姿勢でもOK

POINT

お尻が片方だけ浮かないようにキープ。骨盤をしっかり立てて背中が丸まらないように前に倒すと効果的。

10秒キープ

ゆっくり
倒せるところまで

骨盤から倒す

お尻が
浮かないように

息をゆっくり
吐きながら

足がズレないように

2.

息をゆっくり吐きながら、下腹部と太ももを近づけるように上体を前に倒す。お尻が伸びるのを感じながら10秒キープ。息を吸いながらゆっくり1に戻し、3回繰り返す。

股関節とお尻を同時にストレッチ

フロッグ

お尻の筋肉がきちんと働くように股関節とお尻周りを入念にほぐし、美脚スイッチを入れやすくします。

▼ここに効く!
お尻の大きな筋肉、股関節を後ろから支える深層外旋六筋、前面の腸腰筋、内転筋群までじっくりほぐす。

お尻はプリッ
息を吸う
足の甲を
床につけてキープ
肩幅より広く開く
肩幅に開く
肩の真下に手を置く

1. 四つんばいになり、ひざを肩幅より広く開き、足の甲を床につける。息を吸い、骨盤を前傾させてお尻を出す。

3回

ひざの開きをこぶし1個分に、つま先は外に広げて八の字に。同様にお尻を後ろへ引くと股関節とお尻の外側に負荷がかかる。

ARRANGE

10秒
キープ

つま先は
外に広げる
こぶし1個分
あける

10秒
キープ

POINT

股関節から曲げてお尻が下がらないように尾骨をまっすぐ後ろに引く。腰とお尻周り、内ももがじんわり伸びているのを感じたらOK。

股関節から
しっかり曲げる
プリッとさせたまま
頭から遠くへ引く
息をゆっくり
吐きながら
90度でキープ
手で床を押す

2. 手で床を押し、息を吐きながらひざが直角になるところまでお尻をゆっくり引く。お尻と内ももが伸びているのを感じながら10秒キープ。息を吸いながらゆっくり1に戻し、3回繰り返す。

3回

フロッグ バリエーション

ひざを開いてしゃがむことで股関節の柔軟性がアップ。股関節がやわらかいとお尻の筋肉が使いやすくなります。

息を吐く
胸を起こす
ひざは外に向ける
足裏を床にしっかりつける
つま先はひざと同じ方向に
骨盤より広く開く

1. 足を骨盤より広めに開き、つま先とひざを外に向けてしゃがむ。ひざの間にひじを入れて胸の前で手を組み、背すじを伸ばして息を吐ききる。

手のひらを上に伸ばし
10秒キープ

息をゆっくり吸いながら
弧を描くように腕を上げる
体幹をキープ
ひざは1をキープ

2. 手のひらを返して腕を伸ばし、息をゆっくり吸いながら前から上に弧を描くように腕を上げる。天井に向かって伸びながら10秒キープ。息を吐きながら腕をゆっくり下ろして1に戻し、3回繰り返す。

お尻の筋肉が整えば美脚トレの効果がアップ！

お尻の筋力が弱っていることが脚を太くする根本原因だということは、おわかりいただけたかと思います。

繰り返しになりますが、お尻の筋力が弱いと、脚がうまく使えないために脚の筋肉にねじれが生じ、ねじれたまま動くことで筋肉は本来の動きができず、張ったりむくんだりするのです。

それ以外にも、O脚・X脚などのひざのゆがみや、骨盤の前傾・後傾などが生じて身体全体のバランスを崩す原因にもつながります。

要するに、**お尻の筋肉を整えていくことは、まっすぐな美脚のためだけでなく、全身にとって大切なのです。**

ほかにもお尻の筋肉を強化するメリットはさまざまあります。

身体の中心に近い位置で**脚を支えるお尻が安定すると、姿勢がよくなり、立つ・歩く・座るといった日常の動きがしやすくなります**。

さらにお尻の大きな筋肉・大殿筋は、全身の中でも最も大きい筋肉のひとつなので、鍛えることで**基礎代謝が高まり、痩せやすい身体づくりにもつながります**。

お尻の筋肉は日常の中であまり使われないためにかたくなっている人が多く、お尻がかたいと、そこにつながるハムストリングス（裏ももの筋肉）もかたくなってしまいます。残念なことに、お尻の筋肉はほかのパーツに比べて受けた刺激を忘れがち。「ぐりぐり&にぎにぎ」でリセット&リバランスしてから、お尻マオビクスピラティスを地道に続けていくことが、お尻の筋力アップには欠かせません。

さらには、お尻のトレーニングがハムストリングスのリセットにもなるので、美脚づくりのためにも大切なのです。

そして**お尻マオビクスピラティスを継続して行い筋肉が整えば、ほかのトレーニングの効果もどんどん上がります**。

このあとご紹介する、脚の悩み別にアプローチするマオビクスは、きっとあなたのコンプレックスを解消してくれるはずです！

むくみが大きな原因のゾウさん脚、前ももや外ももが張り出したむっちり太もも、ふくらはぎが膨らんでいるししゃも脚、メリハリのない太い足首、O脚・X脚。まずは、自分の悩みに合わせたマオビクスにトライしてみてください。慣れてきたらほかの動きも組み合わせて行えば、美脚への速度はさらにスピードアップ！

気力がないときは、「ぐりぐり&にぎにぎ」するだけでも、脚の疲れが取れてリフレッシュできます。無理のない範囲で継続して、理想の美脚をつくっていきましょう。

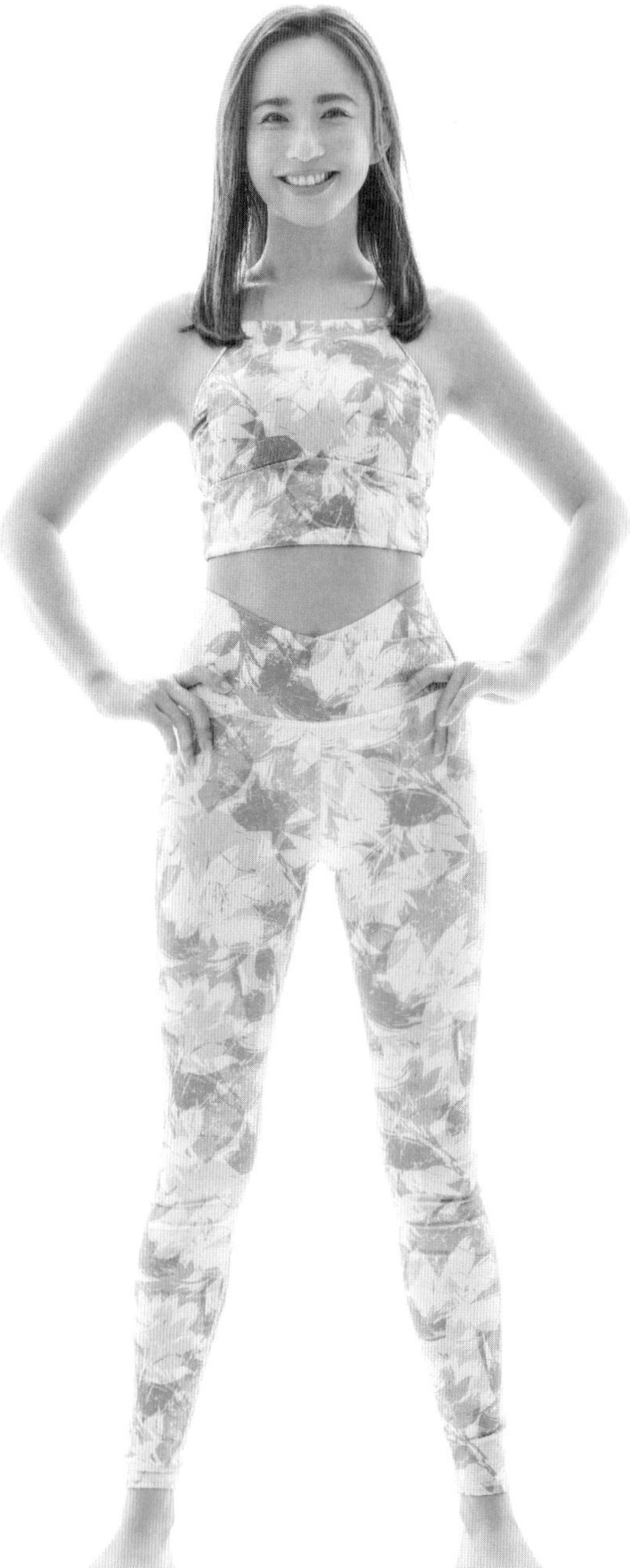

悩み別
美脚マオビクスピラティス

マオビクスの中から美脚に特化したトレーニングをピックアップ。
脚の悩みにダイレクトにアプローチしていきます。

悩み別リスト

悩み1. ゾウさん脚

くびれのないずんぐり脚。座りっぱなし、立ちっぱなしでパンパンに。ゾウさん脚の原因の多くがむくみ。同じ姿勢が長く続いたり、脚が怠けていると筋肉が凝りかたまり、リンパの流れが悪くなる。

（**おすすめ美脚トレ**／ダンゴムシ➡p.100）

悩み2. むっちり太もも

前ももや外ももが張り出した太ももは、股関節の詰まりや歩行・立ち方のクセによって、筋肉のバランスが崩れた状態。前太ももの筋肉の使いすぎや、内ももの筋肉のたるみなども原因に。

（**おすすめ美脚トレ**／ダイナソー➡p.102）

悩み3. ししゃも脚

ふくらはぎのラインが張り出してぷっくり見えるため、ひざ下を隠しがち。ししゃも脚の主な原因は、歩き方や立ち方のクセによる、ふくらはぎの筋肉の過度な使用や、むくみによるものが多い。

（**おすすめ美脚トレ**／ミーアキャット➡p.106）

悩み4. 太い足首

むくみやねじれのほか、歩行時に足指とふくらはぎをきちんと使えていないと足首を返して歩こうとするため、足首やふくらはぎがどんどん太くなる。ハイヒールやつま先の細いシューズを履く人は要注意。

（**おすすめ美脚トレ**／オーストリッチ➡p.108）

悩み5. O脚・X脚

O脚は脚の間が大きく開いたり、X脚は内側がくっつきすぎたり、脚のラインが気になるところ。どちらも主に、足裏、足首、ふくらはぎ、すね、股関節がかたい人がなりやすく、むくみやすい傾向に。

（**おすすめ美脚トレ**／ モモンガ➡p.110）

悩み別
1

深く
3呼吸

ゾウさん脚をスッキリ!

ダンゴムシ

両手足を上げてブラブラ揺らすだけ。毛細血管の循環を促して余分な水分や老廃物を流し、スッキリ脚に。

▼ここに効く!

手足全体。揺らして緊張を取ることで、筋肉だけでなく、骨や血管、神経などもリセットされて血流がよくなる。

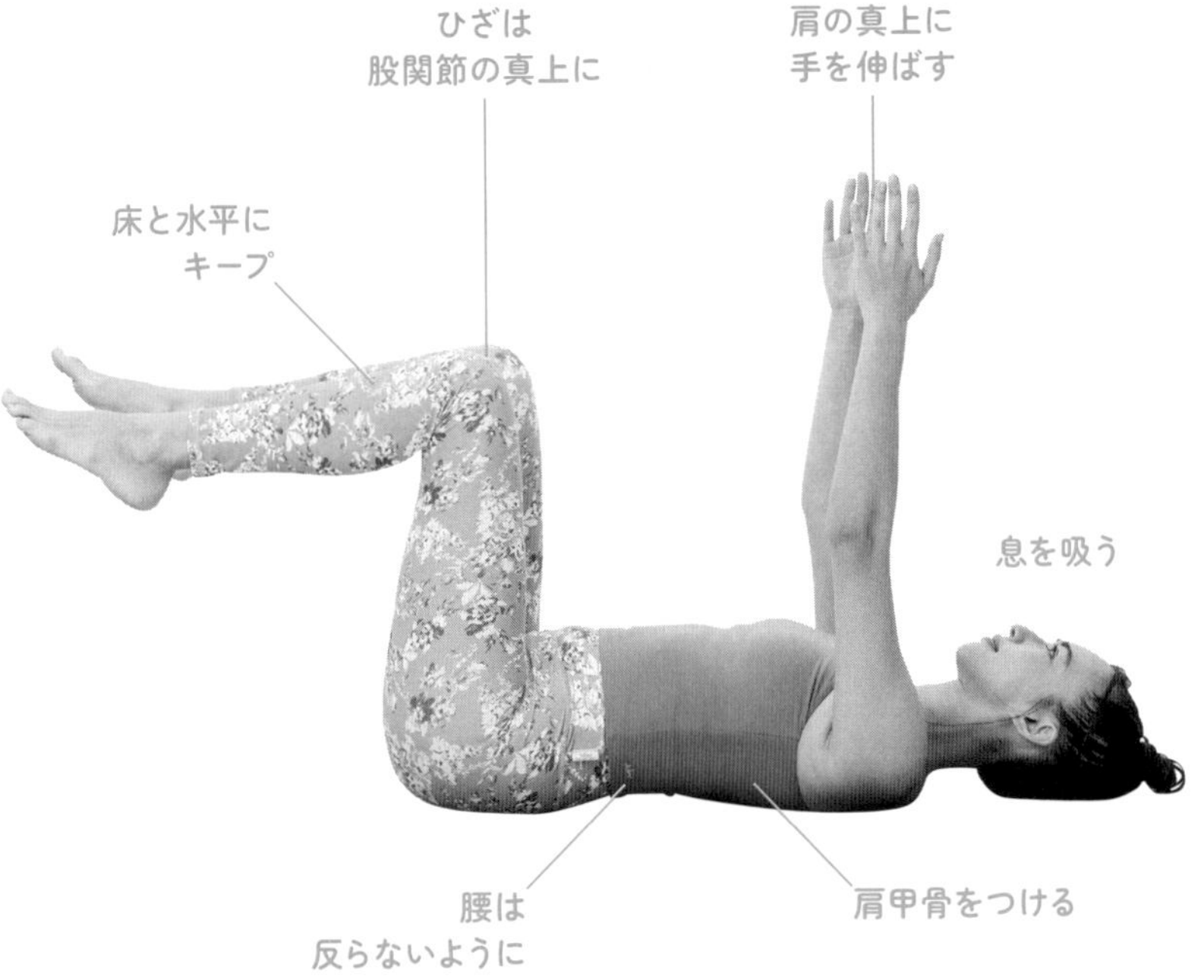

ひざは
股関節の真上に
肩の真上に
手を伸ばす
床と水平に
キープ
息を吸う
腰は
反らないように
肩甲骨をつける

1. あお向けになり、両手両足をまっすぐ上げてひざを直角に曲げ、腰が反らないようにキープする。

足を上下に大きく振ると力が入りすぎて筋肉が収縮。筋トレのようになってしまうので、力まず行うことが大切。

NG!
バタバタ
足を上下に
大きくバタバタ

ブラブラしながら
深く
3呼吸

POINT

大きく振る必要はないので、手足の位置をキープして肩や前ももに過度な力が入らないようにブラブラと揺らすだけでOK。

ブラブラ
ひざは前に
出しすぎない
ブラブラ
深く
呼吸しながら
下げすぎない
お尻が
浮かないように

2. 深く呼吸をしながら、脚はひざ下から足を上下にブラブラさせ、同時に手は前後に振る。深く3呼吸する間続ける。

悩み別
2

左右各
3回

むっちり太ももを引き締め!

ダイナソー

脚を前後に大きく開いて屈曲と伸展を同時に行う低いポーズで、太ももの前後をパワフルにストレッチ。

▼ここに効く!
股関節の詰まりを解消して柔軟にしながら、大腿四頭筋とハムストリングスを本来のバランスに整える。

息を吸う
ひざの上に
両手を添える
背骨と骨盤は
立てる
つま先は
まっすぐ前
つま先はひざから
直線の位置に
足の甲を
床につける

1. ひざ立ちから片脚を1歩前に出してひざを曲げて立て、両手をひざにのせる。骨盤と背骨を立てて背すじをまっすぐ伸ばし、顔は正面に向けて息を吸う。

POINT

ひざが前に出すぎたり内側に入ると裏ももとそけい部がしっかり伸びないので、体幹を意識しながらまっすぐ前にスライドする。

10秒キープ

息をゆっくり
吐きながら
胸は突き出さず
まっすぐ
ひざは前に
出しすぎない
腰は反らないように
注意
骨盤からスライド
かかとをつけて
固定
ひざが内側に
入らないように
キープ

2.

息をゆっくり吐きながら、1の姿勢をキープして骨盤から前に踏み込むように重心を前にのせる。そけい部がしっかり伸びるのを感じながら10秒キープ。ゆっくりと1の姿勢に戻し、左右各3回行う。

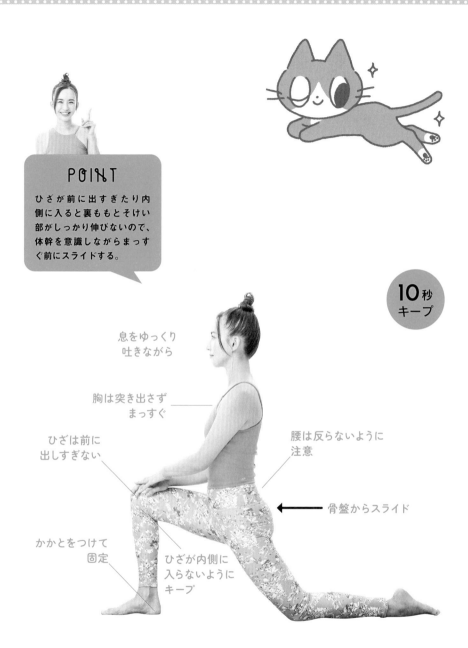

左右各
3回

STEP UP

ローダイナソー

前足を１足分外に置いてより深く屈曲と伸展を行い、内ももの引き締めとヒップアップ効果を狙います。

▼ここに効く!
腸腰筋から大腿四頭筋、内転筋群から大殿筋まで広くストレッチ。股関節も柔軟になり可動域が広がる。

息を吸う
ひざの上に両手を添える
ひざが外に開きすぎないようにキープ
つま先はまっすぐ前
p.102より1足分外側に置く
背骨と骨盤は立てる
つま先はひざから直線の位置に
足の甲を床につける

1. p.102の１の姿勢をとり、前足を１足分外に置く。息を吸い、ひざが外側に倒れないようにキープする。

NG!

背中が丸まったり、お尻が出たり、上体が傾いたりすると、そけい部がきちんと伸びないので注意。身体がかたい人は、姿勢を意識して少しずつ屈曲を深めていく。

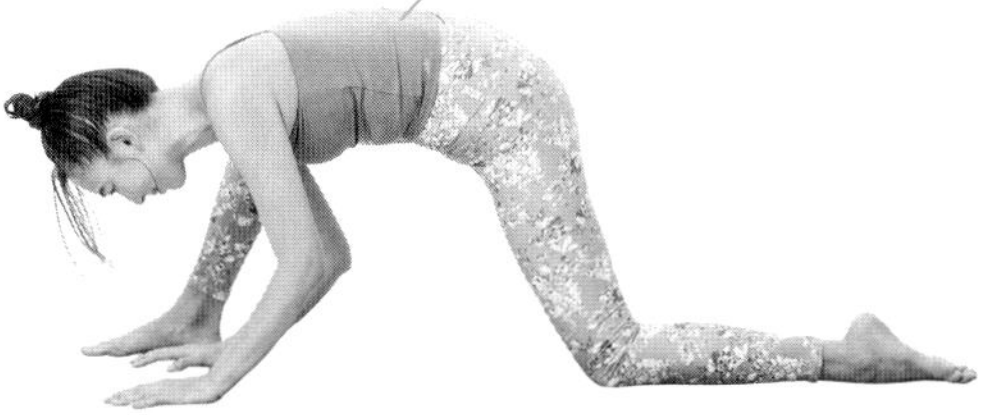
背中が
丸まっている

10秒
キープ

POINT

骨盤を立てて背すじを伸ばしたまま上体を沈めること。後ろ足の甲で床を押すように支えるとバランスがとりやすくなる。

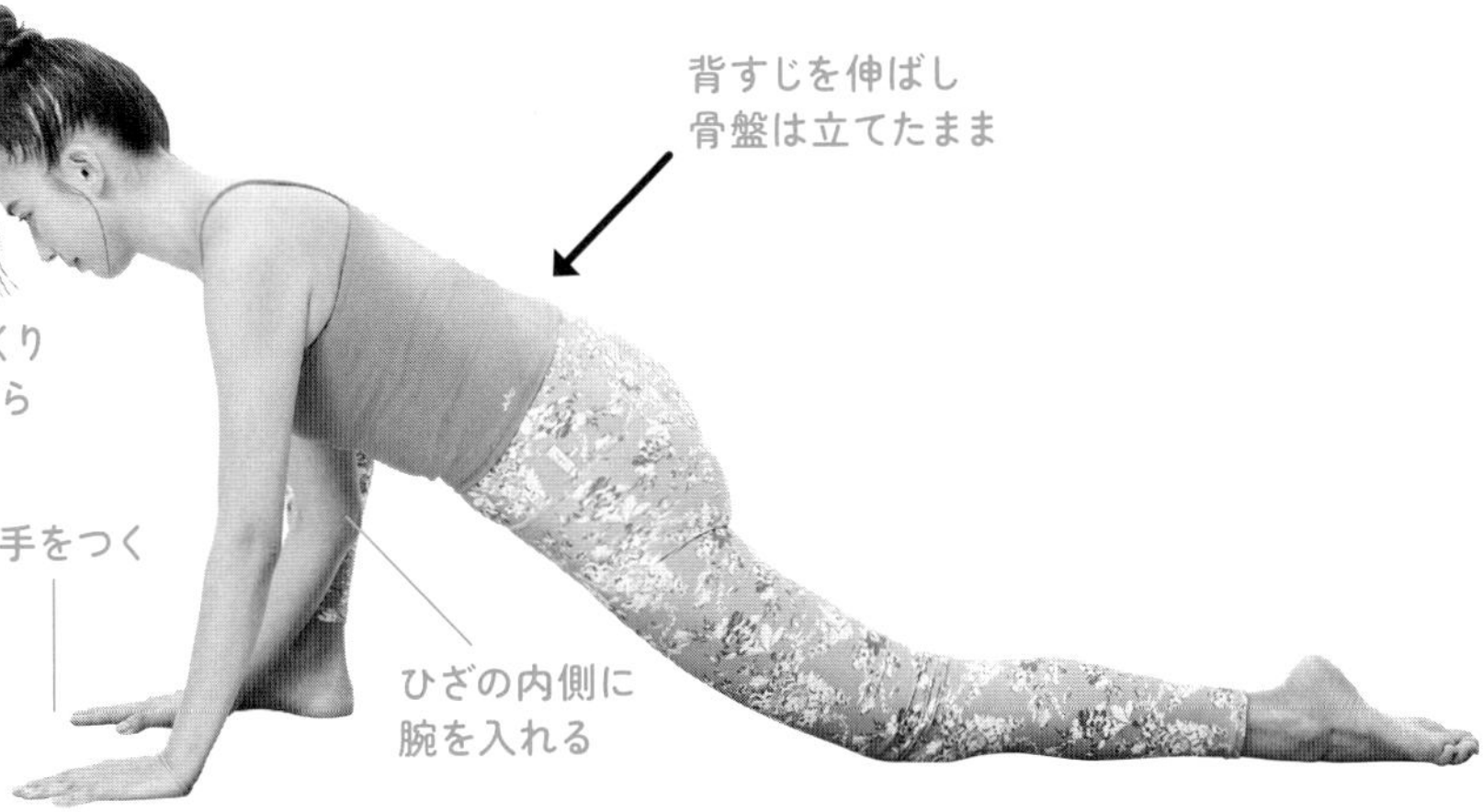
背すじを伸ばし
骨盤は立てたまま
息をゆっくり
吐きながら
両手をつく
ひざの内側に
腕を入れる

2. 息をゆっくり吐きながら上体を前に倒し、前脚の内側に両手をつく。上体が傾かないように意識しながら、上体を沈めて10秒キープ。息を吸いながら上体を起こして1の姿勢に戻し、左右各3回行う。

悩み別
3

5回

ししゃも脚をキュッ!

ミーアキャット

かかとを押し出すようにしてふくらはぎの2層の筋肉にアプローチ。張りとむくみを取りスッキリ整えます。

▼ここに効く!
かかとからお尻まで伸ばしながら、ふくらはぎ表層の腓腹筋と深層のヒラメ筋を同時にストレッチ。

息を吸う
腕は伸ばす
背骨と骨盤は
しっかり立てる
つま先をつかむ
ひざが外に開かない
ようにキープ
肩幅より広く開いて
かかとを床につける

1. 脚を伸ばして座り、かかとを肩幅より広く開く。ひざを軽く曲げてつま先をつかむ。息を吸い、骨盤を立てて背すじを伸ばし、ひざが外に開かないように腕をピンと伸ばす。

POINT

背中を丸めるとひざが伸ばしやすくなり、ふくらはぎがしっかり伸ばせる。つま先から手を離すと負荷がかからないので注意。

10秒キープ

息をゆっくり吐きながら
背骨と骨盤を丸める
手は離さない
ふくらはぎが伸びるのを感じて
ひざを伸ばす

2. つま先をつかんだまま、息をゆっくり吐きながらひざを伸ばし、骨盤と背骨を丸めて上体を前に倒す。ひざはできる限り伸ばし、10秒キープ。息を吸いながら1の姿勢に戻し、5回繰り返す。

悩み別
4

5回

太い足首を引き締め!

オーストリッチ

かかとを上げ下げし、ふくらはぎと足指が正常に使えるように鍛えます。手軽にできるのでぜひ習慣に。

▼ここに効く!
足指を強化し、ふくらはぎの腓腹筋、ヒラメ筋、すねの腓骨筋、後脛骨筋など、足首を動かす筋肉を引き締め。

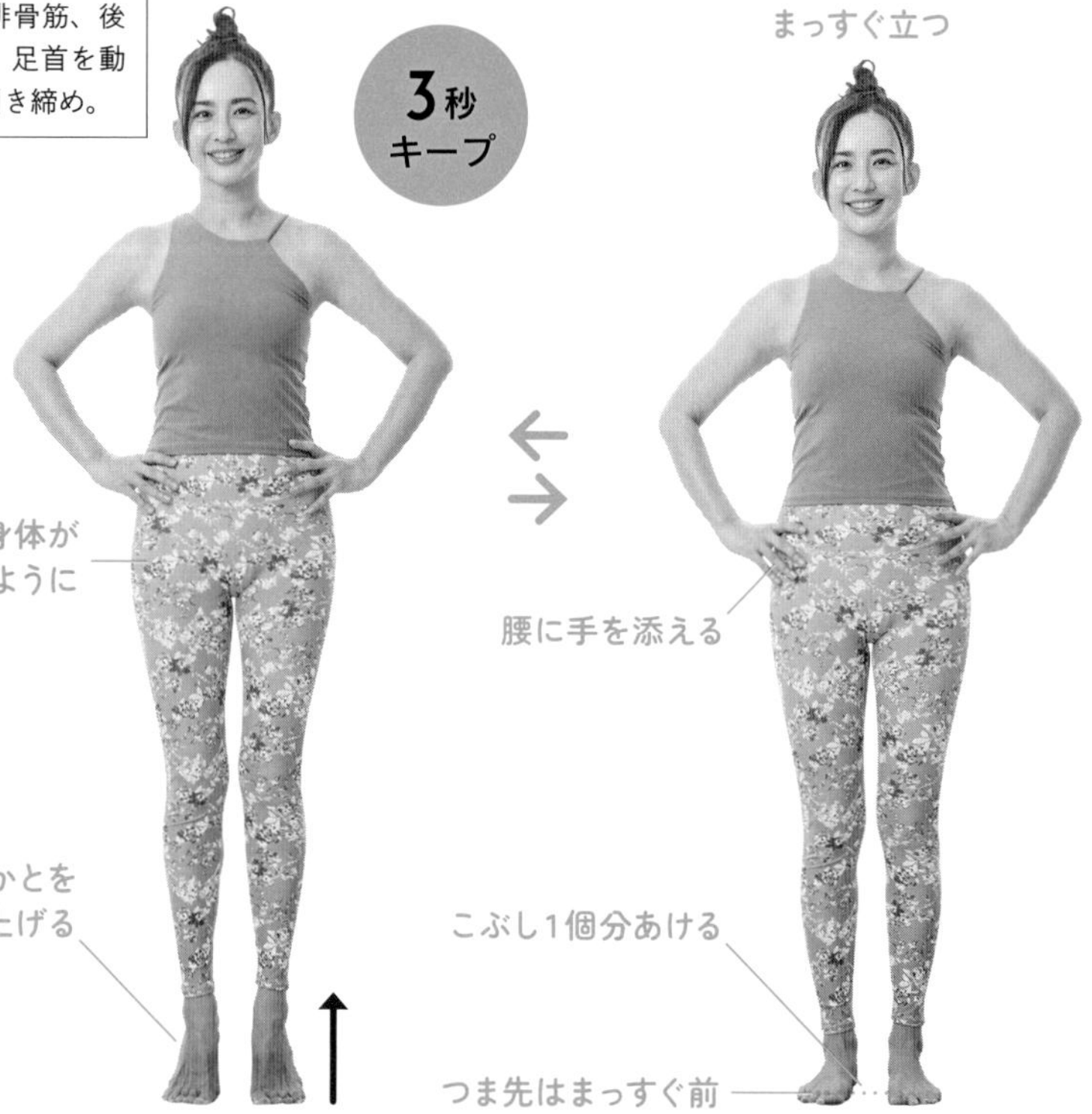

3秒キープ
身体がブレないように
かかとを真上に上げる
まっすぐ立つ
腰に手を添える
こぶし1個分あける
つま先はまっすぐ前

1. こぶし1個分足を開いて立ち、両手は腰に当てる。息を吸い、骨盤を立てて身体の軸をまっすぐに意識する。

2. 息をゆっくり吐きながら両足のかかとをまっすぐ持ち上げて3秒キープ。息を吸いながらゆっくりかかとを下ろして1の姿勢に戻し、5回繰り返す。

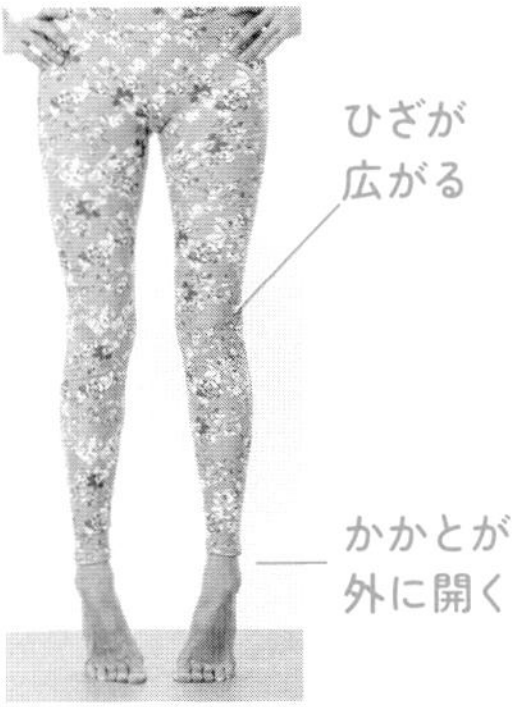
ひざが
広がる
かかとが
外に開く

NG!

かかとを上げる際に左右にブレると、脚がねじれて足首やひざの位置もゆがむので注意。O脚や内股になりがちな人は、足の向きとつま先立ちの重心ののせ方を意識。

POINT

上体が前傾したり後傾したりしないように注意。腹部に力を入れて頭のてっぺんから引き上げるように行うと身体の軸がブレない。

左右均等に重心をのせながら、かかとを交互に上げ下げする。かかとは、しっかり上げてから下げ、ひざは内や外に向かないように意識する。

ARRANGE

リズムよく 5回

ひざの
向きを意識
片足ずつ
かかとを上げ下げ

脚のラインをチェック!

ひざは
開かない
左右に
ブレないよう
真上に!

左右各
3回

O脚・X脚を改善！

モモンガ

そけい部と前ももをまっすぐ伸ばしてねじれをリセット。気になる脚の開きをなくして美ラインに。

▼ここに効く！
大腿四頭筋や腸腰筋をまっすぐ伸ばすことで筋肉のバランスが整い、前ももやひざのねじれがリセット。

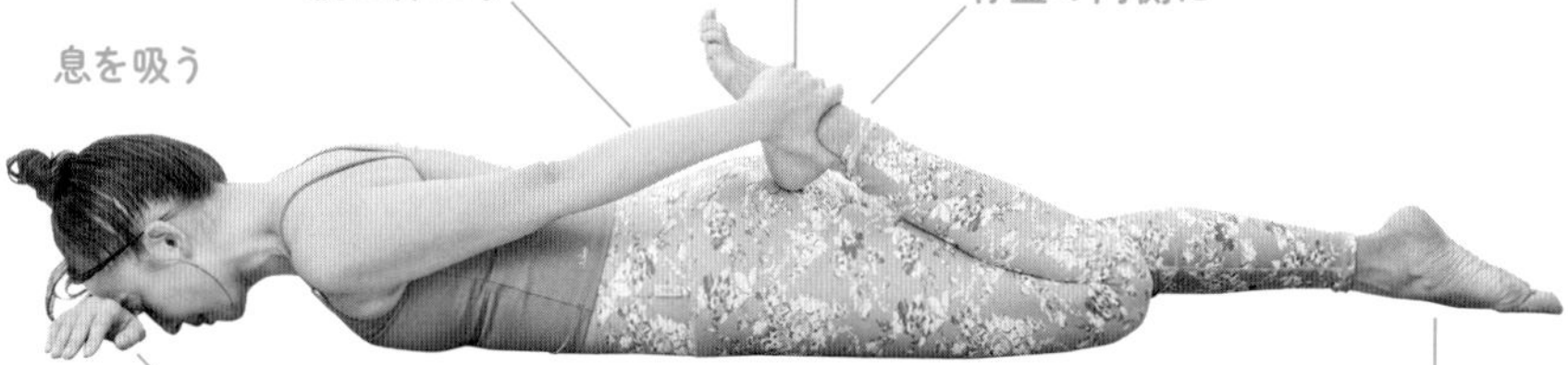
足を
しっかりつかむ
足は
骨盤の内側に
腕は伸ばす
息を吸う
手のひらを床につけ、
おでこをのせる
足の甲を
床につける

1. うつ伏せになり、ひざを骨盤幅くらいに開く。片脚をお尻にかかとを当てるように曲げて同じ側の手で足をつかむ。反対の手はおでこの下に置き、息を吸う。

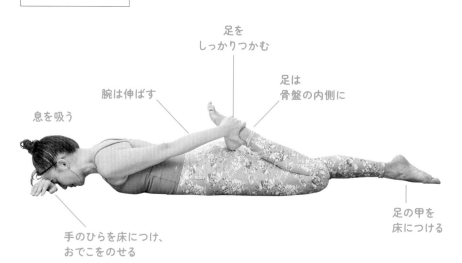

曲げた足は骨盤幅内に。外に傾いた状態で行うと、力が入れづらくそけい部が伸びない。筋肉や関節を痛めることもあるので注意。

NG!

曲げた足が
骨盤の外側に
ズレている

5秒
キープ

POINT

身体を反らせるのではなく、背中全体を起こしながらひざを持ち上げるイメージで。左右に傾かないようにまっすぐキープする。

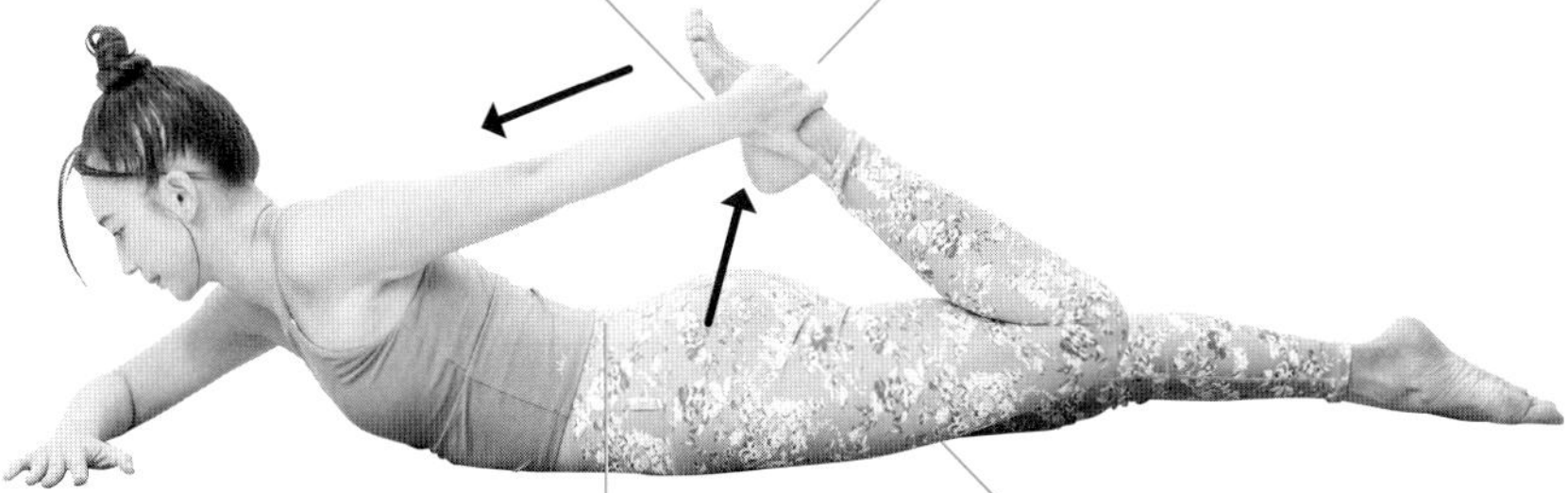
息をゆっくり
吐きながら
手で引くように
上に伸ばすように
腰が反らない
ように
伸びるところまで

2. 曲げた足を上に伸ばすようにして手と引き合い、息をゆっくり吐きながら、背中全体をまっすぐ起こす。そけい部が伸びるのを感じながら5秒キープ。力をゆっくり抜いて1の姿勢に戻り、左右各3回行う。

おすすめ美脚プログラム

お尻や悩み別に特化したトレーニングの前に、
「ぐりぐり＆にぎにぎ」を習慣に。
筋肉のバランスを整えてまっすぐな脚を定着させましょう。

まずは1週間

基本のぐりぐり＆にぎにぎでねじれを集中的に取り除く！

ひざ下 p.60-66

STEP1 足の甲ぐりぐり
足の裏ぐりぐり

STEP2 内すねぐりぐり
外すねにぎにぎ

STEP3 前すねぐりぐり
ふくらはぎにぎにぎ

STEP4 ひざ裏ぐりぐり&にぎにぎ

ひざ上 p.68-80

STEP1 前ももぐりぐり
裏ももにぎにぎ

STEP2 外ももぐりぐり
内ももにぎにぎ

STEP3 お尻周りぐりぐり
股関節周りにぎにぎ

共通

準備運動 *p.53-55*

1 **足首回し**

2 **足指じゃんけん**

次の1週間

お尻のトレーニングをプラスして美脚スイッチをオン！

基本のぐりぐり&にぎにぎ

p.60-80

ひざ下	STEP1-4
ひざ上	STEP1-3

それぞれ、にぎにぎのMOVEをプラスする

お尻 マオビクスピラティス

p.86-94

STEP1	**タオルストレッチ**
STEP2	**クラブ**
STEP3	**スターフィッシュ**
STEP4	**フロッグ**

さらに理想の
美脚を目指すなら

悩み別美脚
トレーニングをプラス！

1 **基本のぐりぐり&にぎにぎ**

2 **お尻マオビクスピラティス**

3 **悩み別マオビクス** *p.100-111*

気になる悩みをチョイスして
集中トレ！

ゾウさん脚
→**ダンゴムシ**

むっちり太もも
→**ダイナソー**

ししゃも脚
→**ミーアキャット**

太い足首
→**オーストリッチ**

O脚・X脚
→**モモンガ**

デスクワークや
家事の合間に、こまめに脚を
ほぐしましょう。

お尻伸ばし前屈

左右各5回

長時間座ってかたまったお尻や股関節をじっくり伸ばして。

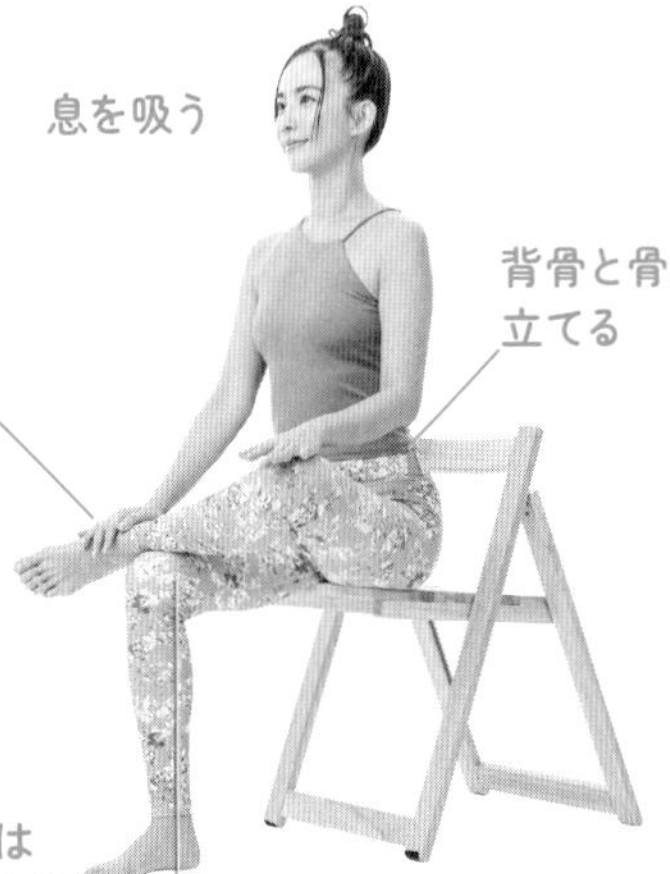
息を吸う
背骨と骨盤は立てる
手を添える
つま先はまっすぐ前
ひざの真下にかかとを置く

1.

椅子に浅く座り、片足を反対の脚の太ももにのせる。手を足首とひざに添え、息を吸い、骨盤を立てて背すじを伸ばす。

10秒キープ

息をゆっくり吐きながら
背すじは伸ばしたまま
骨盤は前傾

2.

息をゆっくり吐きながら骨盤から上体を前に倒す。曲げた脚のお尻が伸びているのを感じながら10秒キープ。息を吸いながらゆっくり1の姿勢に戻し、左右各5回行う。

ひざタッチ

むくみが気になるときは、ひざを上げ下げしてスッキリ。お尻の中殿筋もほぐれます。

10回

息を吸う
ひざの真上に
背骨と骨盤は立てる
ひざの真下にかかとを置く

1.

椅子に浅く座り、肩幅に足を開く。息を吸い、骨盤を立てて背すじを伸ばし、手のひらを下にして胸の高さでキープ。

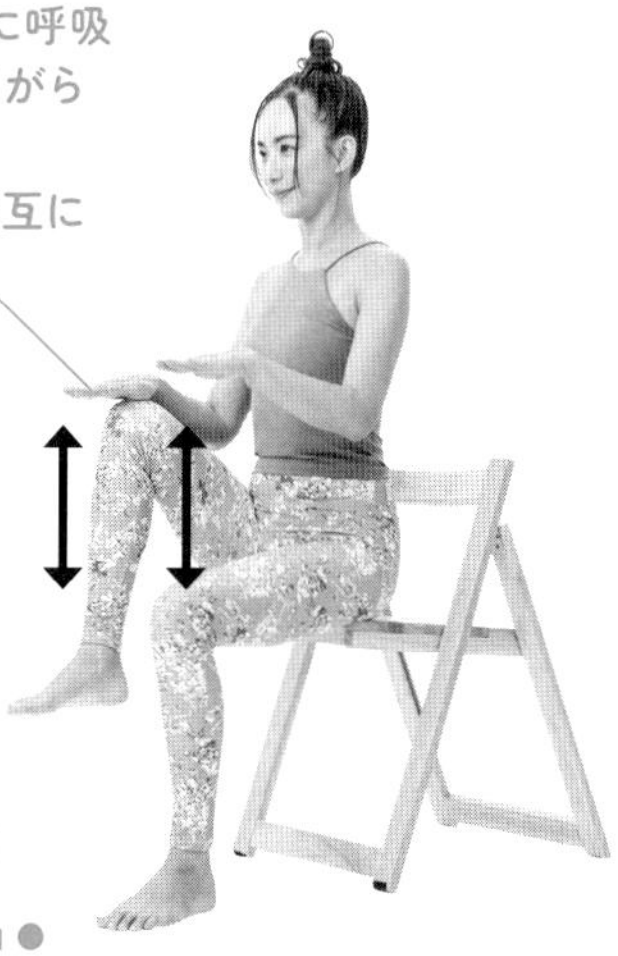
自然に呼吸しながら
左右交互にタッチ

2.

自然に呼吸しながら、手のひらにひざが当たるように、左右交互にゆっくり上げ下げする。

STEP UP

10回

1の姿勢から足を大きく開き、ひざの真上に手がくるように胸の高さでキープし、ひざを左右交互にゆっくり上げ下げする。

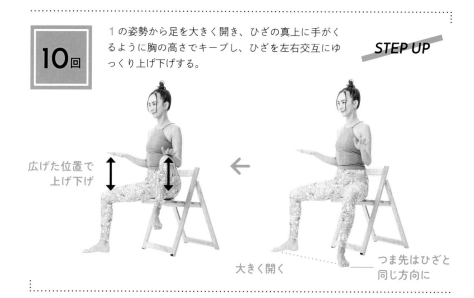

大きく開く
つま先はひざと同じ方向に

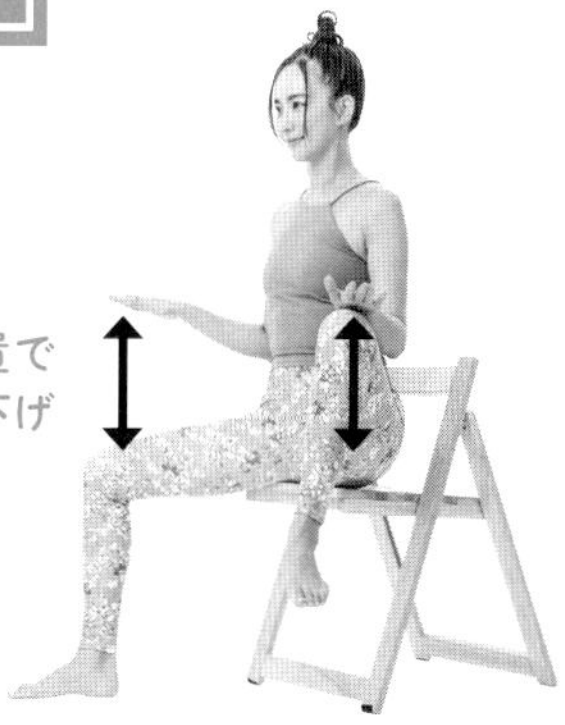
広げた位置で上げ下げ

椅子ダイナソー

p.102のダイナソーより気軽に取り組め、股関節から足指まで動かして脚全体を引き締めます。

左右各
5回

伸びるのを感じて
ひざがピンと
伸びる位置
かかとはつける

1.

椅子から1歩分手前に立ち、背もたれをつかんで片足を椅子にのせる。後ろ脚はかかとをつけてまっすぐ伸ばし、前足はひざの真下に調節する。

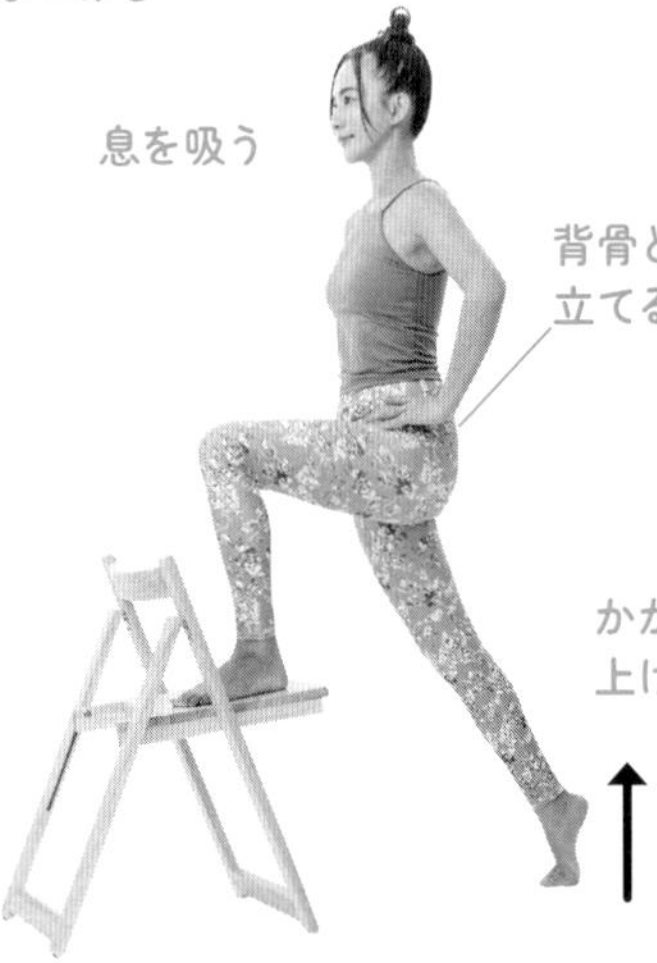
息を吸う
背骨と骨盤は
立てる
かかとは
上げる

10秒
キープ

2.

腰に手を当てて骨盤と背骨を立て、息を吸いながら後ろ足のかかとを真上に上げて10秒キープ。上体が上に伸びるように意識する。

↑↓

息をゆっくり
吐きながら
背すじは
伸ばしたまま
腰は
反らない
かかとは
つける

10秒
キープ

3.

上体が前に倒れないように意識し、息をゆっくり吐きながら後ろ足のかかとを下ろす。そけい部がしっかり伸びているのを感じながら10秒キープする。2と3を左右各5回行う。

椅子脚上げ

股関節から脚を横に上げてキープし、お尻と内ももをジワジワと刺激します。

左右各5回

腰は反らない
息を吸う
骨盤は前傾
手は肩の真下に

1.

椅子に両手をつき、両ひざを軽く曲げる。息を吸って背すじを伸ばし、片脚を軽く上げる。

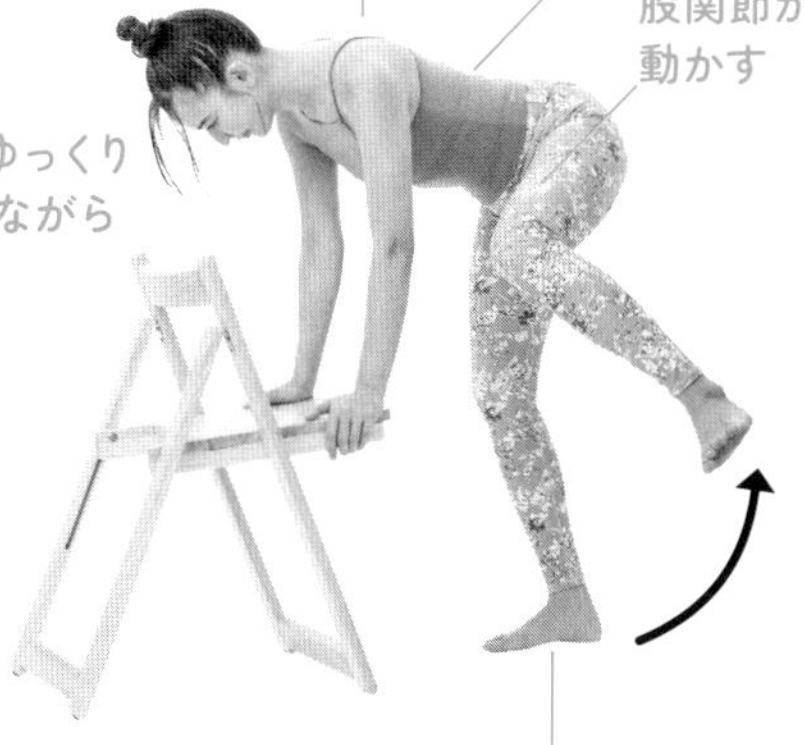
10秒キープ
上体は動かさずキープ
腰は反らない
股関節から動かす
息をゆっくり吐きながら
ブレないように

2.

息をゆっくり吐きながら、上げた脚をひざの角度を保ったまま真横に持ち上げる。骨盤が傾かない位置まで上げて10秒キープ。息を吸いながら1の姿勢にゆっくり戻し、左右各5回行う。

NG!
身体が外に開く

脚を高く上げようとして骨盤が傾くのはNG。上体が外に開くと、お尻の筋肉に効かないので注意。

塩分を控え、水分をたっぷり摂る

私たちが慣れ親しんでいる日本食にはヘルシーなイメージがありますが、実はみそやしょうゆなど塩分を多く含む調味料や加工食品がたくさんあります。**塩分の摂りすぎは高血圧になったり、腎臓に負担をかけたり、またむくみの原因にもなる**ので、摂取量には注意が必要です。

むくみが気になるので水をあまり飲まない、という人がいますが、それはダメ。身体の塩分濃度が高くなるのを防ぐためにも、**水や、糖分を含まないお茶など、日常で水分をこまめに摂る**ようにしましょう。

私は、特に外食などで塩分の高いものを食べたあとなどは、水をたっぷり飲みます。体内の塩分濃度を薄めて、尿と一緒に排出してしまえば、むくみも特に気になりません。

むくみを取るという意味では、カフェインを適宜摂るのもおすすめ。**カフェインには利尿作用があるので、むくみ防止になります**。痩せるためにはコーヒーを飲むといい、と言われるのはそういう理由からです。ただし、カフェインには脳を活性化させる働きもあって夜飲むと睡眠の妨げになるので、15時以降は控えましょう。

水分をたくさん摂って排出機能を高め、体内の塩分をどんどん体外に出して循環させていくことは、身体のためにとても大切なことなのです。

近頃人気のサウナは、もちろん発汗作用はありますが、体内の水分をそれほど出せるわけではありません。それよりは水をたっぷり飲んでから、ぬるめのお風呂にゆっくり浸かって汗を出す半身浴のほうが効果的です。

身体にいいものを意識するだけで自然に栄養バランスが整う

私が食事で意識していることは、タンパク質を多く摂ることです。**筋肉はもちろんですが、臓器や皮膚、髪の毛など身体を構成するさまざまな要素にとって、タンパク質は欠かせない栄養素**。だから肉や魚のほか、大豆製品などを積極的に摂ります。乳製品は体質的に合わないので（お腹がゴロゴロしたり、舌がざらついたりする）、オーツミルクやアーモンドミルクに代えて摂るようにしています。

自分の身体は食べたものでできているのだから、食べ物に関しては敏感になったほうがいい。だから**食べたものによってどういう反応が起きるか、自分の身体と対話することを大切にしています**。

たとえば新しいサプリを試すときは、ほかのものは一旦やめて、一定期間それだけを飲んで身体の調子をみます。自分に合わないと思ったら、もったいないけど、それ以上は飲まずにやめます。

糖質も脂質もエネルギー源として必要だと思っているので、特に制限はしていませんが、**食事は腹7分目くらいを意識して、食べすぎには注意**しています。でも生理前など、どうしても我慢できなくて食べちゃうことも。その場合は、ホルモンバランスが崩れているからだと受け入れて自分を責めないようにしています。

体質は人それぞれだし、日によって体調も違うので、自分の身体の声をしっかりキャッチアップして、シリアスになりすぎず気楽に捉えていきたい。1日、2日食べすぎたくらいですぐ太るわけじゃないし、1週間くらいの単位でなんとなくバランスが取れればOKというスタンス。そのくらいのゆるさでも健康な食生活は十分に保てます。

無駄食をなくして満足感を高める

食事で特にダイエットを気にしてはいませんが、**今感じている食欲は脳が食べたいという思い込みなのか、または腸が欲しているのかを、常に選別する**ことを意識しています。私はお酒も甘いものも大好きですが、アルコールにしろ糖質にしろ、欲するのは中毒の一種。だから栄養として必要ではないとわかっていて摂る分には、いいと思っています。

スイーツだって、自分を満足させるため、ごほうびのために食べるという自覚があればいい。「○○のおいしいケーキが食べたい！」とわざ

わざ買いに行くのは、とても豊かな経験です。でも、小腹が減ったからとたまたまそこにあったお菓子をつまむのは、身体だけでなく心にとってももったいない。そういう意識でいると無駄食がなくなります。

また、「あとで食べたくなるかも」という「念のため買い」はしません。ファミリーパックのお菓子も買わない主義。子どもの食べるお菓子もその都度買いに行きます。なければ食べないですむし、食べてしまった！という罪悪感を感じることもなく、お金も使わずにすむ。まさにいいことだらけだと思いませんか？

栄養バランスのいい食事を日々きちんと摂って、ときにはとっておきのおいしいものを食べるような贅沢を味わう。そんな食生活は身体にも心にもいい影響を与えるはず。

ともあれ、若い頃の自分と比べて、今の自分の身体は成長期ではないことを認識しつつ、成人摂取カロリーを超えない範囲内でバランスよく食べるくらいの気楽さが、無理がなくていいと思っています。

「ぐりにぎ」Q&A

Q.1

1日のうち
いつ行うのが効果的?

A.お風呂上がりが
ほぐれやすいです

いつ行ってもOKですが、お風呂上がりがおすすめ。ポカポカした身体は筋肉がやわらかく、ぐりにぎがしやすい状態。筋肉がほぐれやすいので、リセット&リバランス効果も高まります。

Q.2

ぐりにぎは
素肌でやってもいい?

A.素肌で行うときは
ボディオイルを

本書ではトレーニングウエアを着用していますが、素肌のほうがやりやすいと思います。その際は、肌にマッサージオイルを塗るとぐりにぎがスムーズに。好きな香りを選べば癒やされます。

Q.3

ぐりにぎの強さは
どれくらい?

A.痛気持ちいいと
感じる強さで

強すぎると筋肉を痛めてしまうので、痛気持ちいいくらいがちょうどよい加減です。とくにやり始めなど筋肉が凝りかたまっていると痛く感じることも。無理をせず少しずつほぐしてください。

Q.4

回数や時間など
決まりはある?

A.筋肉がほぐれたと
感じるまで

各ステップで回数や時間を記載していますが、カウントに気を取られると筋肉の状態がわからなくなります。回数や時間は目安とし、「ほぐれた」と感じるまで行ってください。

Q.5

呼吸の仕方に決まりはある？

A.自然な呼吸を心がけて

何かに集中すると無意識に呼吸を止めがちですが、呼吸は自律神経を整えて筋肉の緊張を和らげてくれるので自然な呼吸を忘れずに。お尻トレなどでは、力を加えるときに息を吐き、ゆるめるときに吸います。

Q.6

強い痛みを感じても続けていいの？

A.痛みがあるときは行わないこと

痛みは何かのサインなので無理は禁物。一旦休んで様子を見ましょう。また、ケガなどで筋肉や関節を痛めているときも行わず、必ず医師に相談してください。

Q.7

どれくらいで脚がまっすぐになる？

A.まずは2週間続けてみてください

1回行っただけで、ねじれがゆるむ人もいますが、まっすぐな脚が定着するのは基本のぐりにぎを毎日続けて2週間ほど経ってから。セルフチェック（p.49）で確認してみましょう。

Q.8

ねじれが解消したらやめてもいい？

A.1日1回行ってリセットしましょう

脚のねじれは日常生活の中で生じるものなので、ぐりにぎを習慣にするのがおすすめです。毎日ねじれをリセットしておけば太くなりにくく、すらっとした美脚が維持できます。

おわりに

これまで7年間、ピラティスのインストラクターをやってきました。だけど本音を言えば、なるべくなら運動はしたくない。

7年の間には、すごく太っている時期があったり、プライベートは順風だけど仕事がうまくいかないとか、バイオリズムに引っ張られて身体の調子はいいときも悪いときもあり、心もそれによって左右されて……と、私もみなさんと同じように、揺れ動きながら日々を生きています。

運動すればやっぱりスッキリするし、気持ちも前向きになれるのは十分わかってはいるけれど、どうしてもやる気が起きない日もあります。だって、それが人間だから。

何かスペシャルなことを無理して続ける必要はないのです。できるときにできることをやって、それを継続していくことが大事です。

ピラティスをやってよかったと思うのは、歳を取ったら背中や腰が曲がるなど、身体は変形するものだから仕方ない、という思い込みが間違いだとわかったことです。コツコツ、メンテナンスしていくと、身体は長持ちする。手をかけて大事に使えば、〝ビンテージ〟な味わいのある素敵な身体になれるのです。このスキルを知らずにいたら人生損していたなと、今つくづく感じています。

この世にたったひとつの自分の身体を可愛がって、よりよくしてあげられるのは自分だけ。だからもっと自分を大切にしてほしい。

誰もが元気に動ける身体で、はつらつと毎日を楽しく生きる。その連鎖が世の中をハッピーにしていくと、私は信じています。

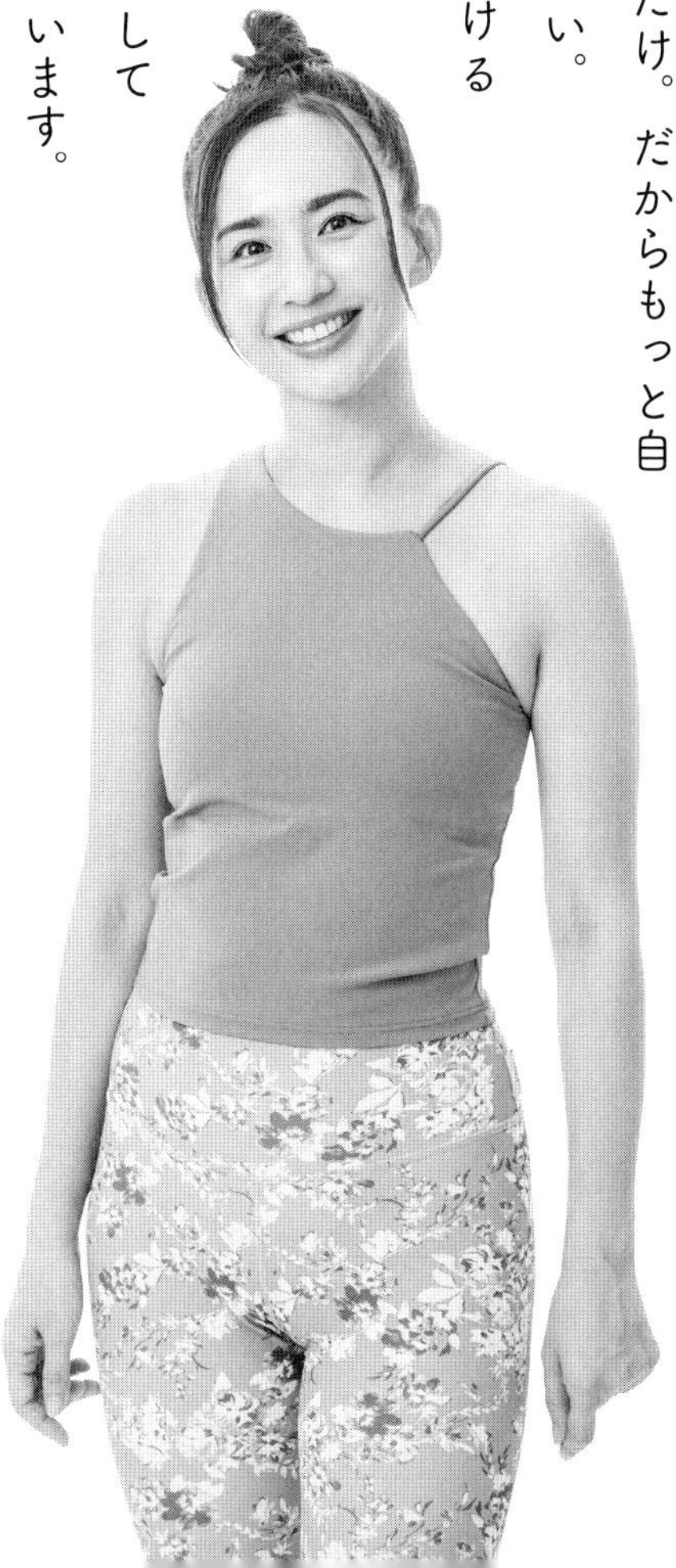

ぐりぐりにぎにぎするだけ！
秒《びょう》で美《び》脚《きゃく》

2024年6月19日 初版発行

著　者　優《ゆう》木《き》 まおみ

発行者　山下 直久

発　行　株式会社KADOKAWA
〒102-8177 東京都千代田区富士見2-13-3
電話0570-002-301（ナビダイヤル）

印刷所　大日本印刷株式会社

製本所　大日本印刷株式会社

ISBN 978-4-04-606817-0　C0077